# Uma vida a serviço da humanidade

## Diálogos com Dom Tomás Balduino

Ivo Poletto (org.)
Marcelo Barros • Revi Veloso
Dom Pedro Casaldáliga • Maria Antônia de Jesus
Pedro Tierra • Zélia e Nena Balduino
Carlos Brandão • Antônio e Regina Araújo
Ir. Nadir Rodrigues Silva • Frei José Fernandes

# Uma vida a serviço da humanidade

## Diálogos com Dom Tomás Balduino

Editora REDE

Edições Loyola

Direção
*Fidel García Rodríguez, SJ*

Preparação
*Maurício Balthazar Leal*

Diagramação
*Telma dos Santos Custódio*

Revisão
*Rita de Cássia Machado Lopes*

**Editora Rede**
Cx. Postal 19
76600-000 Goiás, GO
☏: (0**62)371-1856

**Edições Loyola**
Rua 1822 nº 347 – Ipiranga
04216-000 São Paulo, SP
Caixa Postal 42.335 – 04218-970 – São Paulo, SP
☏: (0**11) 6914-1922
Fax: (0**11) 6163-4275
Home page e vendas: www.loyola.com.br
Editorial: loyola@loyola.com.br
Vendas: vendas@loyola.com.br



ISBN: 85-15-02594-9

# Sumário

## Parte 4
## Diálogo com Dom Tomás

# Siglas

| | |
|---|---|
| ACR | — Ação dos Cristãos no Meio Rural |
| ALCA | — Área de Livre Comércio das Américas |
| CCFD | — Comitê Contra a Fome e pelo Desenvolvimento |
| CEBI | — Centro de Estudos Bíblicos |
| CEBs | — Comunidades Eclesiais de Base |
| CEDI | — Centro Ecumênico de Documentação e Informação |
| CEP | — Comissão Episcopal de Pastoral |
| CIMI | — Conselho Indigenista Missionário |
| CLAR | — Conferência Latino-Americana de Religiosos |
| CNBB | — Conferência Nacional dos Bispos do Brasil |
| CPT | — Comissão Pastoral da Terra |
| FMI | — Fundo Monetário Internacional |
| FSM | — Fórum Social Mundial |
| FUNAI | — Fundação Nacional do Índio |
| INCRA | — Instituto Nacional de Colonização e Reforma Agrária |
| MEB | — Movimento de Educação de Base |
| MIRAD | — Ministério da Reforma e do Desenvolvimento Agrário |
| ONU | — Organização das Nações Unidas |
| SPAR | — Secretariado de Pastoral |
| SUDAM | — Superintendência do Desenvolvimento da Amazônia |
| SUDENE | — Superintendência do Desenvolvimento do Nordeste |
| SUDEPE | — Superintendência do Desenvolvimento da Pesca |
| UDR | — União Democrática Ruralista |
| UnB | — Universidade de Brasília |

## APRESENTAÇÃO

# DOM TOMÁS: BISPO A SERVIÇO DA LIBERTAÇÃO

Quem se encontra pessoalmente com Dom Tomás Balduino fica impressionado com sua juventude, em todas as dimensões, da física à espiritual. Quem diria, então, que ele está completando 80 anos? Ninguém, com certeza. Felizes junto com ele, todos se sentem imediatamente desafiados a descobrir a fonte dessa surpreendente juventude.

O livro *Uma vida a serviço da humanidade — Diálogos com Dom Tomás Balduino* tem este propósito: possibilitar que a palavra viva e testemunhal desse bispo-cidadão-do-mundo desperte as pessoas para os caminhos de uma juventude permanente. Quando se tem uma causa — e de modo especial se essa causa é a de Jesus Cristo: a construção do Reino de Deus com a humanidade —, o tempo, em vez de ser um peso a que se acrescenta mais um ano, um dia, uma hora, é a sempre surpreendente *hora da graça, dia da salvação*; então, é fonte de renovação permanente, possibilidade de novos encontros, oportunidade para a descoberta e a construção de novas formas de convivência com as pessoas e com o universo. Quem dá por bem-querer a sua vida a serviço da vida de todas as pessoas não envelhece. Pelo contrário, pratica a ressurreição o tempo todo, em cada passo conquistado e que faz avançar para o tempo em que será completo *o ano da graça do Senhor*, tempo vivido em gérmen nos pequenos grandes acontecimentos libertadores de todas as opressões, que impedem à humanidade ser tão humana quanto a vivida, desejada e projetada por Jesus.

O seguidor de Jesus, Paulo, depois frei e Dom Tomás Balduino, descobriu desde cedo que o Natal em Belém, na Palestina, está muito longe dos vazios presépios comerciais dos dias atuais; ele foi uma revelação radical de Deus: o caminho para a humanização da humanidade começa e passa pelos empobrecidos, os primeiros amados de Deus. Ao se fazer *um de nós*, ele experimentou as privações dos empobrecidos não por amar a pobreza ou a miséria, por desejá-la como condição para abrir as portas do céu, mas para revelar que a riqueza que gera empobrecimento e miséria não é caminho para a humanidade ser feliz com Deus. O caminho verdadeiro é revelado no modo de ser, de agir, de falar e de celebrar de Jesus. Seus seguidores, pessoas e comunidades, pessoa e Igreja, assumem a missão de dar continuidade à sua obra de regeneração e de salvação da humanidade. E tudo começa na qualidade do testemunho, na esperança com que se assume e se realiza a missão. A grande paixão de Dom Tomás foi essa busca permanente da autenticidade do testemunho cristão por intermédio da Igreja.

Como Jesus, a Igreja está a serviço da vida, de toda a vida, e não a serviço de si mesma, de seus interesses institucionais ou de qualquer tipo de estrutura que promova privilégios em detrimento da vida da maioria das pessoas. É por isso que Dom Tomás é um bispo-cidadão, e cidadão do mundo todo; seu campo de atuação é, ao mesmo tempo, a Igreja Particular, em Goiás, e a Igreja–Mundo, a serviço da libertação de todas as pessoas de todas as formas de opressão, Dominação, exploração e alienação para que sejam construtoras de sua história, de sua humanidade. É por isso que a política é assumida por ele como expressão da fé, como concretização do amor, como demonstração da esperança.

Para que vocês, amigos leitores, tivessem a oportunidade de receber esta mensagem viva de um cristianismo humanizador, nós, alguns parentes e amigos, decidimos organizar este livro na forma de entrevista. Vocês encontrarão uma gostosa conversa, um diálogo com Dom Tomás, dividido em três partes: a primeira está centrada no tempo em que amadureceram as opções vitais em meio a relações humanas comuns, na família, na escola, na cidade e região de Posse, no sertão goiano; a segunda nos revelará a rica experiência de trabalhar em favor da Igreja a serviço dos empobrecidos, especialmente na diocese de Goiás, mas de forma muito aberta, tendo no CIMI e na CPT duas vertentes de sua missão no Brasil e no mundo; na última parte, descobriremos um Tomás dedicado à humanidade em todo o mundo e em todas as dimensões, formulando novos desafios, sugerindo novos caminhos, convocando para a permanentemente renovada missão de sermos seguidores de Jesus.

Além dos diálogos, decidimos incluir dois outros tipos de texto: alguns textos anteriores de Dom Tomás, na forma de entrevistas, de reflexões publicadas no boletim *Caminhada*, da diocese de Goiás, e de pregações; alguns depoimentos de pessoas que conviveram e partilharam sua missão. O livro será aberto pela "Carta aberta" de Dom Pedro Casaldáliga. É quase inútil dizer que selecionamos apenas alguns dos textos em que ele se expressou em outras situações, bem como solicitamos depoimentos apenas a alguns dos seus muitos amigos e amigas de caminhadas. Só assim foi possível chegar a um livro ao mesmo tempo leve e revelador do essencial da mensagem de Dom Tomás.

Queremos deixar claro que foi um privilégio dialogar com Tomás e organizar este depoimento. Desejamos que muitas pessoas se liguem à riqueza de sua mensagem e se sintam convocadas por ele a renovar sua esperança, a rejuvenescer sua fé, a reforçar seu amor cristão às pessoas, a todas elas, especialmente às que ainda sofrem na miséria e na opressão, a retomar suas utopias, todas mediadoras da aventura de ir construindo o paterno e fraterno reinado de Deus com a humanidade. Esta é a melhor homenagem pelos seus 80 anos.

GOIÂNIA, AGOSTO DE 2002<br>IVO POLETTO, IR. REVI, MARCELO BARROS, RENATO BALDUINO

# Carta aberta de Dom Pedro Casaldáliga

Querido Tomás,

irmão, padrinho, meu bispo auxiliar por decreto do coração, companheiro de todas as horas. (Já nos têm confundido, até trocando-nos os nomes, e a comadre bororo de Merure nos ungiu a ambos com urucum, *in sanguine*, dizíamos, lembras?).

Estamos te fazendo uma homenagem, mais do que merecida, por ocasião dessa tua plenitude juvenil de 80 anos, pletoricamente vividos e generosamente doados.

Eu entro na festa, em meu nome pessoal e em nome de toda a nossa Igreja de São Félix do Araguaia, que é por muitos títulos uma Igreja bem tua. Aliás, sou bispo desta Igreja precisamente por tua culpa, por tua grandíssima culpa. Tu nos fizeste aceitar, quando eu e a equipe pastoral nos negávamos: eles por me conhecerem e eu por me conhecer também. A partir dessa decisão, que tu apadrinhaste, expeditivo e esperançado, sempre mais tens sido bispo também da Prelazia de São Félix do Araguaia. Tu, irmão mais velho, e tua Igreja de Goiás, Igreja irmã-mãe.

Vinhas da dominicana Conceição do Araguaia. (Antes, vinhas de Posse, no coração do Brasil, entre o Nordeste e a futura Brasília, prognosticando teu futuro de lutas entre o povo e o poder...) Em Conceição assimilaste a Causa Indígena e a primeira fase da problemática da terra. Depois serias co-fundador e esteio-mor, tanto do CIMI como da CPT, presidente da CPT e presidente do CIMI muito conaturalmente.

As Irmãzinhas de Jesus, pioneiras da nova evangelização indigenista no meio do povo tapirapé, e os povos indígenas da Amazônia, do Brasil, têm experimentado constantemente a tua solidariedade incondicional, o teu respaldo, lúcido e arrojado, à causa indígena, na reivindicação da terra, da cultura, da autonomia e nos processos evangelizadores de diálogo e de inculturação. A causa da reforma agrária, com todas as suas implicações e em suas manifestações nacionais, reconhece em ti um referencial maior.

Estás em todas, aliás.

Durante a ditadura militar, de triste memória, e agora na pseudodemocracia neoliberal, nas horas de exaltação e nas horas de martírio, tu vens sendo presença e ação indispensáveis, de resistência e de alternatividade. Com "o grupo não-grupo" de bispos e pastores. Nos momentos decisivos da CNBB ou do Vaticano aqui no Brasil, em nossa América. Em campanhas eclesiais e sociais. Nos processos aos nossos teólogos ou a irmãos bispos. Na programação dos grandes documentos proféticos. No apoio à teologia da libertação, às CEBs, à leitura popular da Bíblia, aos movimentos populares de direitos humanos, sindicalistas, de fé e política...

Quando o ecumenismo ainda era primícia entre nós, tu já eras ecumênico em amizades, em colaborações.

Teu pastoreio episcopal fez da Diocese de Goiás uma Igreja exemplar em opção pelo povo, em co-responsabilidade adulta dos leigos e leigas, em diálogo Igreja–Mundo, em compromisso social, cultural e político, em valorização dos novos ministérios, na vivência da solidariedade. Tu possibilitaste a realização original desse mosteiro beneditino da Anunciação, renovador, acolhedor, macroecumênico.

És um bispo voador, piloto de olho e de pulso firmes. Durante décadas, no teu aviãozinho vermelho, que já transportou bispos vermelhos e araras da mesma cor, para confirmar as mui inteligentes suspeitas da repressão... Agora, continuas sendo bispo voador, sem fronteiras, em linhas internacionais, feito mensageiro do Evangelho da Solidariedade entre o Sul que "também existe" e o Norte que não quer deixar de existir humanamente, entre a nossa América e a Europa solidária. Voando sempre para dar e para pedir Humanidade e Igreja.

Estás com 80, redondos. E parece que não vai contigo isso de se aposentar — se retirando aos aposentos! Andas lúcido, ágil, dinâmico, batalhador. Pelas causas da Vida e da Justiça, por todas as causas do Reino.

Tomás, irmão: obrigado.

A Santíssima Trindade, que é goiana por título especial, siga te ungindo de vigor e de esperança. O pai São Domingos te siga inflamando com a tocha *enardecida*. E a Senhora Sant'Ana com sua filha Maria te aconcheguem na ternura e na Paz.

PEDRO CASALDÁLIGA

# Parte 1

# Diálogo com Dom Tomás

# E TUDO COMEÇOU EM POSSE

CASA ONDE NASCEU, EM POSSE. PARENTES REUNIDOS NO DIA DA 1ª MISSA

MARCELO: *Queremos que essa seja uma conversa de companheiros com Dom Tomás Balduino, porque, para as comunidades, para os movimentos populares, o mais importante na vida é o testemunho. É a partir do testemunho da vida que a gente pode viver o evangelho e ver como a proposta de Jesus é realizada hoje em dia. Estamos aqui eu — Marcelo Barros —, Ivo Poletto e irmã Revi Velozo para colher este testemunho de Dom Tomás sobre a vida dele, como uma memória e ao mesmo tempo como uma perspectiva para a gente poder continuar esse caminho tão bonito. Não é, Ivo?*

IVO: *É isso mesmo. Na verdade nós vamos ser, digamos assim, os privilegiados nesta conversa, ouvindo este depoimento. E vamos organizar isso tudo depois, para colocar à disposição de to-*

*das as pessoas que o desejarem. Esperamos que essa conversa seja uma fonte de alegria para todas as pessoas. Para começar, pedimos a Dom Tomás, nosso amigo, que nos fale do começo da sua vida: que nos diga onde nasceu e quais são as lembranças que tem da infância.*

DOM TOMÁS: Nasci na cidade de Posse, no limite leste de Goiás com Bahia. Uma cidadezinha pequenina; já era sede de município, com toda a organização, mas muito pequenina. E no sertão semi-árido, praticamente o semi-árido de Goiás. Posse, pelo menos no meu tempo, era uma cidade voltada para a Bahia. O pessoal que morava ali certamente procedeu da Bahia, pelo menos o pessoal da minha família. Nossa Meca era a Bahia. Mais pela proximidade, o Estado da Bahia, cidades próximas, Correntina, depois Barreiras...

MARCELO: *Quando o pessoal fala Bahia, pensa Salvador...*

DOM TOMÁS: Salvador, não; é longe. Então, sem ligação com Goiás, praticamente: estrada cavaleira e com a distância, imagina: de Posse, para ir à capital, tinha que atravessar o Estado de Goiás todo. De maneira que nós estávamos nessa situação.

MARCELO: *E na família, você é filho único, primeiro, último?*

DOM TOMÁS: Eu sou de uma família de onze membros. Família numerosa. Três homens, oito mulheres, sendo que eu sou o mais novo dos homens. Sou ali do meio da família, para cima e para baixo existem outros. Este é um dado muito importante da minha vida: a graça de ter nascido numa família numerosa.

IRMÃ REVI: *Dom Tomás, que recordações mais fortes o senhor guarda do seu tempo de criança e adolescente?*

DOM TOMÁS: Interessante, a primeira lembrança que guardo de infância é a da cidade, da minha cidade, inteiramente vazia. Era a passagem da Coluna Prestes. Passou lá em 1924 e eu sou de 1922, tinha um ano e pouco, e vi, espantado, a cidade sem ninguém, todo mundo correu para aquelas grotas, guardando o mais absoluto silêncio. Então, é isso que eu guardo. Agora, é uma cidade muito bonita, de areia branca, de luar de roda, brincadeira de roda, né? E com a vida sertaneja daquele tempo isso povoou a minha infância de uma maneira muito marcante, pela presença desse povo muito ligado à terra, uma terra muito bonita, dos Gerais, de muita fruta, de muito bichinho, de muita coisa que povoa justamente a vida da gente.

IVO: *E dos seus pais, qual é a herança fundamental que você recebeu?*

DOM TOMÁS: É grande. Meu pai era um homem, assim, bastante culto. Ele fez curso superior de medicina, mas não pôde terminar por problema na família, problemas econômicos. Fez medicina em São Paulo e, como não terminou, para sustentar a família ele mantinha uma farmácia e era um pouco doutor daquela gente ali, socorrendo aquele povo numa região muito longínqua, muito longe dos recursos. Tenho a lembrança de um pai assim: um homem de uma grande inteireza. E depois ele foi juiz. Meu pai é da família Balduino, e a minha mãe é Ortiz, do vale do Paraíba. Meu pai, durante os estudos, certamente namorou minha mãe, casou com ela e a trouxe para o sertão; de maneira que ela é uma paulista, assim, de muita fibra, de muita tenacidade, de muito saber; uma moça que, nascida na zona rural, uma fazenda do meu avô, se valeu de todo esse saber para a criação dos seus filhos naquele sertão.

MARCELO: *Mas o fato de você ser filho de um juiz, digamos assim, tem alguma coisa a ver com a sua luta permanente pela justiça?*

DOM TOMÁS: É, acho que a figura dele, sobretudo a figura dele, de um homem justiceiro: o juiz que, por exemplo, tomou o partido, muitas vezes, do que é considerado criminoso, mas que é mandado. Ele julgava as causas pelos mandantes, tanto assim que teve dificuldade, foi ameaçado, muitas vezes ameaçado. E ele foi juiz na região de Formosa, na região onde imperava o cangaço. Por isso eu admirava muito meu pai, a coragem dele de enfrentar todos esses problemas com serenidade.

REVI: *E dos seus irmãos e irmãs, o que mais lhe marcou?*

DOM TOMÁS: Sobretudo dois deles, uma irmã e um irmão. A irmã, Maria, a mais velha da casa, que me acompanhou religiosamente, quer dizer, foi minha professora de catecismo, me acompanhava à missa diária em Formosa, me ensinou a oração. Minha mãe também, muito religiosa, mas essa minha irmã era catequista, Maria Aparecida. E o irmão, que marcou no sentido da estatura dele: José Décio Filho, o poeta, que morreu depois em Goiás. Eu sempre conversava muito com ele, o admirava muito e ele era muito interessado, por exemplo, nos estudos que eu fazia, ia fazendo, sobretudo metafísica. De maneira que era um irmão diferente. E que teve uma atuação política forte aqui no Estado de Goiás no tempo dele, como jornalista e como poeta.

IVO: *Vamos olhar agora para outra parte da sua vida, a escola. Como foi a sua primeira experiência de escola? Do que você gostava e do que não gostava? Como foi a relação com essa primeira parte da educação formal?*

DOM TOMÁS: Olha, nós tínhamos uma escola paroquial em Formosa, onde eu me alfabetizei, estudei... fiz a escola primária praticamente ali, porque o ginásio foi feito, já como seminarista, em Uberaba, com os maristas. Mas para responder a sua pergunta, acho que fui sempre um aluno medíocre. Bom, eu gostava, por exemplo, da parte literária, de representação: aí era cem por cento, dos teatrinhos que havia. Mas tinha uma ojeriza a matemática! Acho que por causa da matemática eu acabei fugindo da escola, porque o nosso professor, que era um militar, ex-militar, muito severo, diante de qualquer erro ali nas contas, aquelas contas enormes de multiplicar, era castigo. Havia castigo mesmo!

MARCELO: *Castigo corporal, palmatória?*

DOM TOMÁS: Palmatória, não. Não era propriamente isso, mas de ficar, por exemplo, preso, não sair na hora que terminava a aula, ficar ali fazendo aquelas contas até acertar. Eu sempre tive um trauma com a aritmética por causa desse início, desses castigos. Mas havia entres as professoras algumas irmãs dominicanas — irmã Eudóxia, por exemplo —, várias delas muito interessantes, muito boas no sentido da educação.

MARCELO: *Agora me diga, você ter nascido nessa cidade pequena como você está contando, nesse ambiente rural, de alguma maneira isso explica o fato de durante toda a sua vida você ter se comprometido com a questão da terra como um elemento prioritário e com a solidariedade permanente aos lavradores?*

DOM TOMÁS: Bom, isso eu acho que nasceu com o meu convívio com o pessoal de Conceição do Araguaia, mais tarde.

MARCELO: *A gente vai falar disso mais adiante...*

DOM TOMÁS: Acho que o que eu guardo da infância é que tive uma infância muito feliz, muito alegre, muito, assim, em comunhão com a terra, com a natureza. Mas eu acho que isso, esse engajamento, é uma coisa que surgiu diante das injustiças que eu fui vendo em Conceição do Araguaia.

IVO: *Você falou antes que teve algumas professoras que eram irmãs dominicanas. Como foi que você descobriu a relação com o mundo dominicano, com os dominicanos, com as dominicanas?*

DOM TOMÁS: Bem, antes das irmãs já havia os padres, os frades dominicanos, que tinham um convento em Formosa. Mas antes de chegar em Formosa — porque a gente foi para Formosa quando eu devia ter 5 anos de idade, e a família migrou de Posse para Formosa, uma migração a cavalo, para mudar de ambiente, porque meu pai começou a ter problemas de caráter político com a panelinha de Posse — eu já tinha, desde criança, uma inclinação para ser padre; eu rezava missa, e todo mundo me considerava padre...

MARCELO: *Com quantos anos isso?*

DOM TOMÁS: Eu devia ter 4, 5 anos e já celebrava a missa (*risos*), e em latim. Não sei que latim saía. Devia ser uma coisa mais balbuciada do que falada. E o pessoal adorava. Celebrava missa por uma pedra de açúcar, ou então por um brinquedo; qualquer motivo era motivo para celebrar missa. E quando eu cheguei em Formosa logo me liguei com os dominicanos dali, os velhos missionários.

MARCELO: *Interessante você estar nos contando como se formaram essas raízes da sua vocação religiosa, evangélica, cristã. E já naquele momento você tinha, você aprendia, a sua família conseguia passar uma visão nova de mundo, uma visão diferente?*

DOM TOMÁS: Quer dizer, no sentido de solidariedade, sim, sobretudo meu pai. Meu pai era vicentino. Mesmo como juiz, ele participava desses encontros e também das promoções no sentido de ajuda aos pobres. Eu me lembro de que, quando era para dar qualquer coisa ao pobre que batia na porta, ele chamava uma das crianças, eu, por exemplo, para fazer aquele gesto. Isso a gente guarda perenemente, essa idéia de um pai que, lidando com outras coisas do Fórum, tinha esse máximo cuidado de visitação: ele mesmo ia visitar pessoalmente aquele pessoal deficiente, e a gente o acompanhando sempre.

IVO: *A gente percebe que você é uma pessoa, e depois um bispo, sempre muito sereno, muito seguro das escolhas que faz, e isso é uma construção, uma conquista certamente rara e até difícil. Você poderia nos contar um pouco do processo que você viveu no aspecto afetivo, emocional, suas amizades, suas relações com outras pessoas?*

MARCELO: *Pessoas que marcaram sua formação de criança, de adolescente.*

DOM TOMÁS: Sim, eu devo dizer que na minha caminhada, na minha trajetória, na infância, a figura do meu pai foi fundamental na minha vida; também a da minha mãe, como pessoa de fé e de muita transparência, de muito vigor humano e de muita coragem, mas sobretudo do lado do pai. Agora, com relação a uma pessoa que influenciou a vida da gente, eu faço menção a Dom Alano du Noday. Frei Alano, que foi depois bispo de Porto Nacional, era um frade lá da comunidade de Formosa. E ele gostava de conversar com a gente, de sair a passeio, e a figura daquele homem, daquela nobreza, aquele frade, ao mesmo tempo muito culto, muito sabedor das coisas, mesmo, da vida sacerdotal, religiosa, era alguém que estava acompanhando, que estava ao lado da gente, de garotos, de meninos, saía a passeio com a gente. Acho que isso teve muita influência no sentido de olhar aquilo como um ideal de vida, quer dizer, para consolidar a minha caminhada, a minha vocação.

## Depoimentos

# Nos 80 anos de meu irmão Paulo "Dom Tomás"

Dom Tomás e seu irmão poeta José Décio Filho – 1950

Como podem ver, deixei "Dom Tomás", entre aspas mesmo, porque hoje vou escrever sobre as melhores lembranças que tenho dele do meu tempo de criança.

Nossa diferença de idade não é pequena, oito anos. Ele quase não convivia conosco, pois desde criança passou a morar com os dominicanos. Já rapazinho foi para Uberaba (MG), para fazer seu noviciado para padre, pois essa sempre foi sua vocação. Com isso suas visitas a nossa casa eram somente nas suas férias, e para nós eram motivo de festas.

Para uma família de onze filhos, sabíamos que a luta de nossos pais não era lá muito fácil, e diversão mesmo eram as brincadeiras no quintal, onde passávamos a maior parte de nosso tempo, e também os teatros montados por nossas irmãs mais velhas, feitos nos quartos vazios, com as camas como palco e os lençóis como cortinas. Assim, a chegada do Paulo era uma alegria, pois sabíamos que ele nos trazia alguma novidade de diversão. Quando não era uma nova mágica, eram os aviões planadores que ele mesmo fabricava, de papelão, pintados com tintas coloridas e que, amarrados a um cordão e girados acima de nossas cabeças, voavam, voavam, fazendo-nos viver nas nuvens, imaginando-nos dentro deles.

E as mágicas! Como era bom reunir os vizinhos e a molecada da rua para assistirmos nosso "ilusionista": fazia lenço botar ovo, tirava pássaros da cartola (no caso um velho chapéu), fritava ovos e jogava na pequena platéia, que era coberta não de ovos fritos, mas de lindas flores de nosso cerrado.

Como disputamos o direito de olhar no furinho do calidoscópio, um brinquedo feito por ele, cheio de caquinhos coloridos, que, refletidos num jogo de espelhos, formavam belas imagens. Acho que foi daquele calidoscópio que brotou em mim o amor pelas cores e pela pintura. E as missas, de mentirinha, celebradas por ele com toda a pompa, seriedade e contrição, e nós, a criançada, enfileirados e muito contritos, comungávamos hóstias de papel!

Nossos pais, tenho certeza, se sentiam muito felizes, principalmente nossa mãe, cujo orgulho era estar recebendo o seu futuro padre, uma contribuição que ambos deram à sociedade e à

Igreja. Se Dom Tomás é hoje quem é, deve muito ao exemplo, ao amor e ao carinho daqueles pais que não hesitaram em perder o convívio de um de seus filhos para que ele pudesse servir a Deus e a seus irmãos em Cristo.

Sei que hoje Dom Tomás é uma pessoa respeitada, inteligente, batalhadora, motivo de orgulho para sua família; sei também que ele não se esquece nunca que foi numa família pobre, de pais lutadores, tendo como exemplo um juiz de direito, de direito mesmo, dos que, com pequenas exceções, já não existem mais, que ele se espelhou e nós também, para nosso bem e dos que nos rodeiam.

Obrigado Paulo "Dom Tomás" por nos proporcionar, principalmente a mim, momentos felizes em nossa meninice, que hoje posso recordar com saudade!

Que Deus lhe dê sabedoria, humildade, paz e saúde para viver muitos e muitos anos!

Da irmã que muito o ama!

Zélia

Parabéns meus, do Amador, de meus filhos, genro e netos!!!

Anápolis, 7 de agosto de 2002

# UM DEFENSOR TENAZ DOS INJUSTIÇADOS

DEPOIMENTO DE ANUNCIATA BALDUINO (NENA),
*IRMÃ DE DOM TOMÁS*

Como sou a penúltima de doze filhos, passei a ter maior convivência com Paulo (Dom Tomás) quando já estava casada, morando no bairro de Campinas (final da década de 1950), e ele vinha de Conceição do Araguaia, no Pará, trazendo pessoas para tratamento de saúde ou mesmo para estudar ou trabalhar.

Foi uma época muito agradável recebê-lo quase todos os meses. Ele alegrava nossa casa. Meus filhos, todos menores, ele presenteava com castanhas-do-pará, artesanato indígena e outros produtos da região, para nós desconhecidos. Contava de suas viagens pelas matas, que mais pareciam aventuras! Tudo era muito difícil.

Numa dessas vindas, chegou com o punho direito quebrado. Por incrível que pareça, pousou com o aviãozinho, depois de horas de vôo, pegou uma bicicleta para acabar de chegar em sua casa, lá em Conceição, e caiu.

Outra vez, levei um susto danado, pois ele chegou sem batina (achei que ele tinha desistido de ser padre), mas ele logo explicou que não era necessário usar a batina o tempo todo. Como sempre, um avançado!

Depois, como bispo da Cidade de Goiás, ficamos ainda mais próximos. Vinha a Goiânia mais constantemente, sempre a trabalho.

O que mais me impressionava no Paulo eram a sua braveza, a sua tenacidade em defesa dos injustiçados, dos perseguidos pela ditadura militar da época. Não me esqueço de um dia em que ele chegou trazendo padre Francisco Jentel, seu grande amigo, muito abatido e cansado, depois de viajar dias de barco, sem mantimentos, para fugir da perseguição de que era alvo.

Nunca até o dia de hoje o ouvi reclamar de cansaço, desânimo ou qualquer dor que seja. Sei que sua luta é árdua, não por ele falar, mas pelos seus atos.

Com ele aprendi muita coisa útil, principalmente a não temer a vida, a enfrentar os atropelos do dia-a-dia com coragem e determinação. É isso que procuro transmitir aos meus filhos.

Paulo nunca foi de passar a mão na cabeça de ninguém, mas ajuda com sua experiência de vida, transmitindo coragem e muita animação. Nunca teve medo dos poderosos que massacram os humildes e fracos.

Sempre agradeço a Deus por ter um irmão que tanto nos dá orgulho e alegria. Que nos ensina o lado bom da vida: que é ser humilde sem ser submisso; ser forte sem espezinhar os fracos. Acima de tudo, ter muito amor pela vida enchendo nossos corações de fé.

Nena
Julho de 2002

# Dom Tomás, meu amigo

*Eliseu Lopes**

Reto e retilíneo. Têmpera de aço. Física e espiritualmente, um monumento de equilíbrio. Voz metálica e bem empostada. Objetivos claros e passos firmes para alcançá-los. Fiel, homem de Fé. Destemeroso.

Conheci-o quando fui substituí-lo na Escola Apostólica de Juiz de Fora. Estava de malas arrumadas para Conceição do Araguaia, onde ia realizar o seu sonho de trabalhar com os índios. Aguardava a prova final para tirar o brevê de aviador, prevendo que só o avião lhe permitiria percorrer os grandes espaços da Prelazia. Só o conseguiu bem mais tarde, quando já era bispo de Goiás.

Empreendedor, arregaçou as mangas para soerguer a missão que teve pioneiros da estatura de um frei Gil Vila Nova. Dom Luís Palha, um santo baiano que vivia mais de fantasia do que da realidade e já, de idade avançada, se entregava a uma rotina de inércia, afeito ao clima preguiçoso do belo e caudaloso rio Araguaia, que se espreguiçava no meio da floresta. Opôs imediata resistência aos planos inovadores e dinamizadores do novo superior da Missão. Preocupado com a educação daquelas populações dispersas, frei Tomás procurou a assessoria do MEB, que desenvolvia um vasto e eficiente programa de educação popular. Não mediu esforços para instalar uma rádio transmissora e adquirir rádios receptores que espalhou pela imensa extensão da Prelazia. Refor-

* Eliseu foi frei dominicano e, depois de casado, trabalhou no CEBI, favorecendo a leitura popular da Bíblia.

mou o convento e dotou-o de uma acolhedora varanda sustentada por colunas de pau-brasil.

Terminado o tempo de mandato, foi "destinado" ao Convento do Rio de Janeiro, mas antes ficou uns meses em Brasília com o amigo e ex-provincial frei Mateus Rocha para fazer um curso de antropologia. Como prior do convento, tive o privilégio de recebê-lo na comunidade, e ele pediu para atender à favela do Chapéu Mangueira. Mobilizou os moradores para a melhoria do ambulatório, da escola e da capela. Foi pouco tempo, mas deixou sua marca.

Fazia-se necessário um administrador apostólico para a Prelazia de Conceição e o núncio apostólico pediu ao provincial dominicano a indicação de um nome. A escolha recaiu quase espontaneamente em frei Tomás. Voltou para Conceição e enfrentou de igual para igual as artimanhas do velho prelado. Porque artimanhas houve. Não querendo dar-se por vencido, Dom Luís moveu toda uma campanha de difamação contra ele. Como a Nunciatura funciona como uma espécie de captação de esgotos, até lá chegaram os detritos. O núncio nomeou meu sucessor como prior do Convento, frei Estevão Cardoso, como visitador extraordinário para apurar a verdade do que circulava contra frei Tomás. Frei Estevão pediu-me para substituí-lo em uma reunião, falou de sua missão sigilosa e pediu minha opinião. Eu lhe disse que para apurar a verdade das denúncias ele devia ater-se a três pontos fundamentais: o quê, quando e onde. Não sei a que conclusão chegou, mas o certo é que a onda continuou.

Um dia, frei Tomás estava de passagem pelo Rio e fomos concelebrar a Missa. Como o calendário litúrgico marcava "Missa ferial", propus que celebrássemos a Missa votiva do Espírito Santo. Frei Tomás me procurou depois e disse-me que minha sugestão calhou muito bem, pois estava precisando das luzes do Espírito Santo. O núncio o convocara para saber se aceitava ser bispo da Diocese de Goiás. Pediu meu parecer. Não era uma decisão fácil. O clima de suspeitas continuava em Conceição, e sair naquele momento poderia parecer uma fuga. Minha opinião era que aceitasse. Ele aceitou. No final de 1967, foi sagrado bispo e tomou posse.

Sua primeira iniciativa foi convocar uma Assembléia Diocesana para implantar o Plano de Pastoral de Conjunto da CNBB. Os padres e os agentes de pastoral foram mobilizados para a preparação. Na 1ª Assembléia Diocesana foi votada e promulgada a Lei Diocesana Provisória, a ser concretizada e revista na 2ª Assembléia. Testada pela experiência e modificada em pontos significativos, a Lei Diocesana se tornou definitiva na 2ª Assembléia. A Diocese estava equipada de um instrumental de ação pastoral. Mas qual a realidade em que devia atuar? Foi decidido fazer uma pesquisa socioeconômico-religiosa que contou com a competente assessoria do CEDI. Os resultados da pesquisa foram a matéria da 3ª Assembléia, cujas decisões foram: 1) dotar a Diocese de uma Equipe de Pastoral Diocesana; 2) organizar uma Escola do Evangelho; 3) deflagrar um Movimento de Educação Popular.

Fui convidado por Dom Tomás e aceitei ser um dos membros da Equipe de Pastoral e me transferi de Belo Horizonte para Goiás no início de 1972. Éramos Teresinha Coelho, Dario Nunes e eu, residentes no Centro de Treinamento, onde Dom Tomás morava, e Ivo Poletto, pároco de Itapuranga.

Depois de visitar as paróquias, conversar com as pessoas, refletir entre nós e discutir com Dom Tomás, definimos como nossa tarefa imediata preparar a 4ª Assembléia Diocesana. Na reunião do clero, o plano foi aprovado e feita a listagem das paróquias com as datas em que devíamos visitá-las durante uma semana. Na primeira Paróquia, depois de uma longa discussão que varou a noite, ficou claro que devíamos convidar para o encontro preparatório do fim de semana pessoas comprometidas com o Evangelho, preferencialmente líderes da zona rural e da periferia urbana. Nesses encontros, em que foi adotada uma metodologia participativa e conscientizadora, foram eleitos os delegados à Assembléia. O assessor foi Dom Pedro Casaldáliga. Dom Tomás segurava firme na mão o volante. Tendo hipotecado sua confiança na equipe, dava a cobertura de sua autoridade a todas as decisões depois de discuti-las. Tomás é assim: sem autoritarismo, sabe fazer valer sua autoridade.

A Assembléia foi uma verdadeira revolução metodológica. Os leigos, na maioria líderes populares, tiveram voz e vez. O clero se retraiu um pouco e no segundo dia, por causa da tensão, houve reuniões separadas dos padres com Dom Tomás e dos leigos com Dom Pedro. A Assembléia não terminou com decretos ou declarações ou decisões, mas com "opções e propostas". A primeira opção: "A Diocese faz opção pelos marginalizados do sistema e da Igreja". Creio que foi a primeira vez que a "opção pelos pobres" foi assumida oficialmente por uma Igreja particular.

Graças à clarividência de Dom Tomás e ao seu pulso firme, as Assembléias se tornaram o termômetro e o dínamo da Pastoral. Na 5ª Assembléia, Dom Fragoso, o assessor, pôde apontar como um dos traços do rosto da Igreja de Goiás a efetiva participação dos leigos. Quando, em 1999, Dom Eugênio Rixen tomou posse como sucessor de Dom Tomás, comprometeu-se a dar continuidade à opção pelos pobres, a marca da Diocese.

Dos inúmeros exemplos de como Dom Tomás sabia exercer sua autoridade com serena energia, quero destacar um: no final da 4ª Assembléia foi feita uma moção para que, em protesto contra o processo de expulsão movido contra o padre Cavazzuti, fosse feita uma "greve" de Missa. Não seria celebrada a Eucaristia em nenhuma Igreja da Diocese, mas o povo seria convocado para a Liturgia da Palavra e seria lida uma carta do bispo. Aprovação quase unânime. Frei Juvenal se levantou e apelou para a "objeção de consciência", visto que era preceito. Dom Tomás, sem nenhuma alteração na voz, disse que, como bispo, tinha autoridade de dispensar do preceito, e era o que estava fazendo. O frei agradeceu. Em Dom Tomás, firmeza se conjuga com flexibilidade. Não cede no que é essencial, mas não se encastela numa posição rígida de intolerância.

Não se pode falar de Dom Tomás sem mencionar o seu mais chegado companheiro: o aviãozinho. Eram as asas que lhe permitiam deslocar-se com celeridade para atender pedidos urgentes que lhe chegavam de pontos distantes. Nunca vi Dom Tomás pegar seu aviãozinho para cortar os ares por puro lazer, mas sempre premido por alguma necessidade. Sei de algumas aventuras arriscadas que teve de enfrentar. Voando para um encontro indigenista em plena floresta amazônica, sem uma rota clara, foi surpreendido pela noite e teve de orientar-se pela correnteza de um rio. Em relato exagerado de padre Jaime, espanhol, entrou em luta com uma ventania impetuosa cuja velocidade ultrapassava a desenvolvida pelo avião.

A grande afinidade com Dom Pedro Casaldáliga e as necessidades da Prelazia, especialmente dos índios tapirapé com os quais viviam as Irmãzinhas de Jesus, levava-o a voar freqüentemente para São Félix do Araguaia.

No começo de 1972, Dom José Maria Pires, arcebispo de João Pessoa, escreveu uma carta circular a alguns colegas sobre "nosso irmão Hélder", alvo da repressão da ditadura, em que perguntava o que se poderia fazer em solidariedade a ele. Dom Tomás se articulou com alguns bispos e agendaram uma reunião em Goiânia. No dia aprazado, ele estava no hospital onde se submetera a uma cirurgia de hérnia. A reunião foi no hospital. Estavam presentes Dom Fernando Gomes, Dom Luís Fernandes, Dom Pedro Casaldáliga, acompanhado de padre Leopoldo, e a Equipe de Pastoral de Goiás. Todos concordaram que Dom Hélder se comportava como profeta, e era o momento de erguer uma voz profética. Para Dom Pedro, não se poderia esperar isso da CNBB, um organismo pesado, complexo e heterogêneo. Seria necessário um grupo restrito de bispos inconformados. Receoso de divisionismo, Dom Fernando resistia à idéia de grupo, que não se conciliava muito com o "afeto colegial". E muito no seu estilo franco e incisivo pontuou: "Só se for um Grupo-não-Grupo". Nasceu ali o "Grupo-não-Grupo de Bispos", que congrega algumas dezenas de bispos mais dispostos a enfrentar os desafios da realidade, que tanto contribuiu e continua a contribuir para os avanços da CNBB.

Para articular esse grupo, convidou a Equipe de Pastoral para uma viagem a Fortaleza, com paradas em Belo Horizonte, Salvador, Recife e João Pessoa. A essa viagem já me referi quando escrevi sobre Dom Hélder. Mas preciso acrescentar um detalhe. Com o episódio da prisão domiciliar de Vera e Teresinha e a soltura irregular sob a responsabilidade de Dom Hélder, os documentos de identidade geralmente exigidos nas barreiras da polícia rodoviária ficaram detidos. Era um fator terrível de insegurança. Resolvemos então que as duas, na companhia de Dario e Ivo, voltariam para Goiás no fusquinha de Dom Tomás, esquivando-se pelas estradas sem policiamento. Dom Tomás e eu seguiríamos para Fortaleza. Foi quando me encorajei a confidenciar-lhe a afeição entre mim e Vera, temendo um pouco sua reação. Disse com a maior suavidade que, para ele, não era surpresa e, por isso, já tinha decidido convidar Vera para trabalhar na Equipe de Pastoral, dando-nos oportunidade de um diálogo mais profundo para o amadurecimento de uma decisão. Eis uma prova da fibra e da lealdade desse homem!

O Grupo-não-Grupo fez caminho. Foi marcada uma reunião no Rio de Janeiro, de que participaram Dom Tomás, Dom Fernando, Dom Pedro Casaldáliga, Dom Fragoso e, parece-me, também Dom Luís Fernandes, com a assessoria de Marina Bandeira, fundadora do MEB, e padre Virgílio Uchoa, da CNBB. A idéia que aflorou foi de uma reunião paralela à noite, durante a Assembléia da CNBB em São Paulo. Jether Ramalho, do CEDI, ficou encarregado da articulação. Quatro noites. Na primera noite, com o economista Paulo Singer. Na segunda, com Luís Eduardo Wanderley, sobre a geopolítica. Na terceira noite, com Jether Ramalho, sobre ideologia. Na quarta, com frei Carlos Mesters, sobre a profecia na Bíblia.

O resultado foi a programação de denúncias a serem feitas em cadeia pelos bispos mais comprometidos com os destinos do povo. São Paulo e Volta Redonda analisariam a situação dos operários da indústria. Recife traria à tona a situação do Nordeste. Goiás apontaria os problemas do mundo rural. A data marcada para a explosão em cadeia seria o 1º de maio. Dom Cândido Padim elaboraria um documento sobre a educação. O CIMI lançaria um documento sobre os índios.

Em Goiás, pusemos mãos à obra. O tempo corria e não chegavam notícias. Dom Tomás decolou no seu aviãozinho e voou para São Paulo. Soube lá que não sairia documento oficial mas um longo trabalho elaborado pela Frente Nacional do Trabalho, a cargo de Mário de Jesus. Foi depois ao Recife e encontrou a comissão responsável já dando os últimos retoques. Taticamente, achavam que não convinha que um bispo isolado arcasse com todo o peso da responsabilidade e estavam colhendo assinaturas de outros bispos para que fosse um grito coletivo. Aconselharam Dom Tomás a fazer o mesmo, e achamos que era uma sugestão pertinente. Esta é a origem dos documentos impactantes *Ouvi o clamor do meu Povo*, do Nordeste, e *Marginalização de um povo, grito das Igrejas*, do Centro-Oeste.

Posteriormente foi lançado *Y-Juca Pirama — O índio: aquele que deve morrer*. Sem Dom Tomás, nada disso teria acontecido.

Apaixonado pela causa indígena, Dom Tomás teve uma influência decisiva no processo de estruturação e descentralização do CIMI. Esse órgão era antes um simples escritório que funcionava em Brasília como ponto de referência dos missionários. Foi Dom Tomás que mais batalhou para que se descentralizasse e regionalizasse.

Tive o privilégio de participar de três assembléias regionais do CIMI: em Merure, em Porto Velho e em Aquidauana. Em Merure foi uma maravilha porque, na confluência de duas aldeias e com a forte presença dos vigorosos xavantes e dos religiosos bororo, a realidade indígena entrava pelos poros. As noites eram animadas por suas celebrações, seus rituais cheios de vida e de beleza. O cacique xavante fez um discurso em sua língua, traduzido por um missionário. Era impressionante a imponência, o tom da voz de quem tinha consciência de ser um chefe de nação. Em Aquidauana, os xerentes dominaram o ambiente. Pediram para fazer uma reunião à parte a fim de discutirem desembaraçadamente na própria língua. Uma longa reunião calorosa que se prolongou depois do almoço. O relator da reunião foi sintético e incisivo: "Nossa conclusão é de que precisamos de autonomia, liberdade e respeito".

Todas essas promoções do CIMI devem ser creditadas na conta de Dom Tomás, Dom Pedro Casaldáliga e alguns missionários como Egídio, Iasi, Tomás Lisboa, Rodolfo e João Bosco[1].

1. Egídio e Yasi, liberados na época para o CIMI, eram jesuítas, como Tomás Lisboa e João Bosco, e Rodolfo era salesiano e trabalhava na aldeia merure (MT).

Houve um curso do CIMI em Goiânia, de cuja coordenação Dom Tomás participava. No primeiro dia, na hora do almoço, explodiu como uma bomba a notícia de que, em Merure, padre Rodolfo e o índio Simão acabavam de ser assassinados a mando dos fazendeiros. Dom Tomás, Dom Pedro e o superior da Missão dirigiram-se imediatamente ao aeroporto, de onde Dom Tomás decolou, pilotando seu avião. Rodolfo era um grande amigo e colaborador.

Dom Tomás patrocinou a primeira assembléia de representantes das nações indígenas, que aconteceu no Centro de Treinamento onde morava.

Outra iniciativa importante que, em parte, deve ser contabilizada a favor de Dom Tomás é a CPT. A idéia foi lançada por Dom Pedro Casaldáliga em uma reunião dos bispos da Amazônia. Era urgente. Como concretizá-la? Era preciso um secretário que tivesse visão, coragem, tino administrativo, criatividade. O primeiro nome que ocorreu foi o de padre Canuto, braço direito de Dom Pedro. Mas naquele momento a presença dele na Prelazia era imprescindível. Surgiu o nome de Ivo Poletto, da Equipe de Pastoral de Goiás e pároco de Itapuranga. Dom Tomás, consciente da relevância da CPT e ciente da capacidade de Ivo, cedeu-o, oferecendo-lhe o carro, que era da Paróquia, e conseguindo de Dom Fernando uma sala no SPAR para instalar o escritório.

Naturalmente, acompanhou com solicitude os primeiros passos da CPT nacional, sendo um dos primeiros a criar a CPT diocesana. Ivo sempre contou com o apoio sólido da Diocese de Goiás, que lhe foi de grande valia.

Dom Tomás é hoje o presidente da CPT, que tem como secretário Isidoro Revers, que ficou conhecido como Galego quando, jovem, trabalhou na Diocese de Goiás, de onde alçou vôo.

Na cidade de Ceres havia um hospital da Diocese, legado dos pioneiros que fundaram aquela cidade, comandados pelo lendário Bernardo Sayão, desbravador da região que seria cortada pela Belém–Brasília. Esse hospital estava praticamente abandonado e se transformara em um verdadeiro vestíbulo da morte. Para Dom Tomás era uma dor de cabeça. Circunstâncias favoráveis se cruzaram e uma equipe médica idealista se formou, fora da Diocese, disposta a enfrentar o desafio. Em pouco tempo, o Hospital São Pio X se impunha como um dos melhores da cidade, posição que ocupa até hoje. Além do saneamento do hospital, essa equipe contribuiu para a organização e a dinamização da Pastoral da Saúde em toda a Diocese.

Chegou a Goiás a notícia de que os monges beneditinos franceses, que tinham inaugurado um novo estilo de vida monástica nas cercanias de Curitiba, fustigados pela repressão da ditadura, estavam querendo mudar para um outro lugar em que o ar fosse menos poluído. Dom Tomás imediatamente se pôs em ação, convencido de que seria benéfico para a Diocese poder contar com um pólo irradiante de vida contemplativa. Mandou-se para Curitiba, ofereceu aos monges o espaço que procuravam e convenceu-os a transferir-se para Goiás. Depois de sondagens, de muita conversa, de muita reflexão, eles chegaram despojadamente à Cidade de Goiás para estudar o terreno e escolher o local onde se instalar. Sem pressa, levaram um bom tempo antes de decidir fixar-se na cidade. De Curitiba traziam uma boa experiência, total disponibilidade e uma vontade firme de viver a mesma vida que o povo vivia. Doaram à Diocese sua boa biblioteca. Entre eles, o pernambucano Marcelo Barros, a quem foi solicitada uma assessoria teológica para a CPT. O responsável pela comunidade, Felipe Leddet, logo conquistou a confiança do povo e a estima de todos por sua sabedoria, sua discrição, sua liberdade interior que irradiava nos gestos. Viveram uma longa e penosa travessia do deserto, como no êxodo do povo bíblico. Eram apenas três: Felipe, Pedro e Marcelo. Pedro, artista da madeira que trabalhava com rara perfeição, aceitou ficar uns tempos como pároco de Itapirapuã. Marcelo viajava constantemente por conta de seu trabalho na CPT. Felipe curtia a solidão. Um dia, em nossa casa, não escondia seu desalento, diante do esboroamento de seus sonhos. Numa iluminação repentina, eu lhe disse: "Se o grão de trigo que cai na terra não morrer, ficará infecundo; mas, se morrer, dará fruto abundante" (Jo 12,24). Foi uma espécie de profecia: hoje, o Mosteiro da Anunciação viceja e frutifica abundantemente.

Sinto-me ligado a Dom Tomás por laços de grande amizade e de gratidão. Como dominicano, é meu irmão, e tive a honra de ser seu prior nos poucos meses que ficou no convento do Rio de Janeiro. Em 1972, aceitei seu convite para trabalhar na Equipe de Pastoral da Diocese. Quando lhe falei de Vera Lúcia, a quem muito me afeiçoara em Belo Horizonte, surpreendeu-me com a coragem de convidá-la para fazer parte da Equipe de Pastoral e assim proporcionar-nos a possibilidade de aprofundar o diálogo e amadurecer uma decisão. Aliás, contribuiu decisivamente para que eu me desvencilhasse de dúvidas e hesitações. Um dia, resolvemos enfrentar a desafiadora situação. Na reunião da Equipe de Pastoral, disse que ainda não me sentia seguro. Tendo participado recentemente de uma reunião da Província Dominicana, em que se respirou um clima de renascimento, sentia-me motivado a continuar na ordem. Dom Tomás interveio mostrando que devíamos viver a dinâmica do provisório e desconfiar das decisões definitivas, mesmo porque estávamos respirando o clima de renovação do Vaticano II. Aquela palavra, para mim, foi de uma importância que ele não pode imaginar. Afinal, as nuvens se dissiparam em um retiro do clero pregado por padre Alfredinho, de Crateús. Logo após o retiro, comuniquei minha decisão e perguntei a Dom Tomás como iria ficar. Ele me assegurou que, para ele, nada mudaria, a não ser as restrições impostas pela Santa Sé em relação ao exercício do ministério presbiteral.

Patrocinou o meu pedido de "redução ao estado leigo", presidiu a cerimônia de nosso casamento, garantiu nossa permanência no trabalho pastoral e nunca nos faltou com seu apoio afetivo e efetivo.

Dom Tomás recebeu da Nunciatura a comunicação de que a Santa Sé nomeara Dom José Falcão, arcebispo de Teresina, como visitador extraordinário para Goiás e São Félix do Araguaia a fim de apurar as denúncias públicas de Dom Sigaud, que o acusava e a Dom Pedro Casaldáliga de serem coniventes com o comunismo.

A primeira providência que tomou foi tornar pública essa "visita extraordinária", trazê-la à luz para livrar-se das tramas armadas à sombra do suspeito "sigilo". Na Equipe de Pastoral, discutimos o assunto. Lembro-me de ter chamado a atenção para um ponto muito importante do direito canônico: o direito penal. As várias instâncias estão muito bem estruturadas até chegar à Signatura Apostólica, uma espécie de supremo tribunal. A autoridade do bispo tem muita força. Era possível até mover um processo contra o núncio apostólico, intermediário da Santa Sé. Mas não era necessário chegar a isso.

Dom Falcão escreveu uma carta comunicando sua missão e Dom Tomás a respondeu no seu estilo enxuto e cortante, o que o deixou bastante intimidado. Afinal chegou em Goiás, já tendo passado por São Félix do Araguaia. Dom Tomás, sabendo que fôramos contemporâneos de Seminário Menor, levou-o lá em casa. Conversamos amigavelmente durante algumas horas, depois que eu o adverti de que não aceitava sigilo algum. Dava pena sentir o desconforto do visitador apostólico. Mas tudo correu bem. Seu relatório deve ter sido neutro e não trouxe conseqüências.

Antes de embarcar no pedido para tornar-se emérito, Dom Tomás tomou providências para garantir um sucessor que pudesse dar continuidade ao seu trabalho. Prático e despojado, preferiu voltar à vida tranqüila e sem mordomias do convento dominicano onde reside. Mas é o presidente da CPT.

Costumo dizer que Dom Tomás é e será o meu bispo para sempre.

# PARTE 2

# DIÁLOGO COM DOM TOMÁS

# De Paulo a frei Tomás, dominicano

Ivo: *Evidentemente, nada se separa na vida, mas nós, procurando colher este testemunho de Dom Tomás, destacamos até o momento sua infância e seus primeiros anos de vida. Vamos dar continuidade agora, resgatando principalmente a dimensão de sua vocação, as decisões que tomou durante sua juventude.*

Sua tia Maria Porto e o filho José Porto, ex-deputado estadual

Casa onde nasceu em Posse e que pertenceu a seus avós

REVI: *Dom Tomás, por qual tipo de vocação e atividade o senhor foi convocado na sua juventude?*

DOM TOMÁS: A vocação veio assim, naturalmente. Como eu disse, eu já tinha desde criança uma inclinação para ser padre. Na minha família isso é um dado marcante, porque minha mãe tinha dois irmãos padres, meus tios, e meu pai um outro irmão padre: três tios padres. De maneira que, chegando em Formosa, onde eu concluí meu tempo de infância, havia o convento dos dominicanos e, posteriormente, eles criaram um pré-seminário, de garotos, assim, muito novinhos, de 11, 12, 13 anos. E eu decidi, a partir daquele tempo, me fazer frade: e frade como os dominicanos que eu conheci. E até tive que brigar por isso porque na minha família, sobretudo alguns tios, puxavam muito para que eu fosse sacerdote diocesano, secular, para ficar mais ligado à família. E desde aquele tempo, curiosamente, eu me defendi para me fazer dominicano, mas não por uma espécie de transtorno na minha vida; a coisa seguiu muito tranqüilamente, muito normalmente, e foi nesse sentido que eu caminhei.

MARCELO: *Quer dizer, você descobriu quase que uma vocação natural?*

DOM TOMÁS: Natural. O ambiente que havia ali, a celebração, a vida girava muito em torno das dominicanas e dos dominicanos.

MARCELO: *Mas, Tomás, ser dominicano naquela época era muito diferente de sê-lo hoje em dia. Quando a gente imagina você entrando num convento dominicano, ou mesmo num seminário, em 1930, não é?* (risos), *ou até antes, a pergunta que surge é a seguinte: que dificuldades maiores você encontrou nesse processo? Que lembranças mais marcantes você tem desse primeiro tempo de sua inserção na ordem dominicana?*

DOM TOMÁS: Houve dificuldades no sentido mesmo do tipo de formação. Acho que devido ao meu caráter mais livre e mais, digamos, independente, eu tive uma certa dificuldade com o modelo de formação que encontrei na ordem, que é herdado da

Província de Toulouse, de muito rigor, de muito controle e muita disciplina. Esse foi um aspecto difícil, que a gente foi superando assim mesmo, na base da conversa, do crescimento junto. Isso é um dado.

Marcelo: *Essa questão da liberdade na vida religiosa é um desafio até hoje. Muda um pouco a forma, mas há um problema hoje de um estilo ainda conventual e um estilo, por exemplo, com relação a seminários, em que a formação às vezes infantiliza mais do que ajuda numa educação em que o fundamental é a liberdade. Como é que você vai formar uma personalidade adulta, humana e evangélica se não for a partir da liberdade? O que você acha disso?*

Dom Tomás: Eu acho que, sobretudo com relação a esse grupo que eu encontrei, que considerava que a formação consiste em quebrar mesmo a pessoa, isso eu...

Marcelo: *Tinha o mestre de noviço antigo, que dizia que a função do mestre era destruir o que ele achava que era homem velho para construir um homem novo, tanto que destruía a personalidade da pessoa, na prática!*

Dom Tomás: E essa Província, a Província em que eu entrei, de Toulouse, depois eu verifiquei isso mais profundamente, era da estreita observância, a observância monástica. E isso começava desde o noviciado, desde os primeiros momentos. Era gente que depois evoluiu. Imagina, meu padre-mestre, com quem eu tive dificuldades naquele tempo, era o próprio frei Domingos Maia Leite, que foi depois provincial, que foi o homem libertador que defendeu os presos, mas ele padre-mestre saído da escola de Toulouse e veio diretamente encontrar esses poucos noviços entre os quais estava eu... você imagina o que era.

Ivo: *É por isso que a gente se alegra com as mudanças que aconteceram, pois elas nos ajudaram a crescer. Mas é uma alegria ver a sua serenidade tendo vivido esses processos tensos, conflitivos. A gente gostaria que você destacasse um pouco seus estudos filosóficos e teológicos: que temáticas lhe interessaram mais? Você elabo-*

*rou um texto para o reconhecimento do curso de Teologia: qual foi o tema desse texto? Qual era o seu interesse maior no debate, na discussão, no aprofundamento filosófico e teológico?*

DOM TOMÁS: Olha, tive o privilégio de encontrar homens como frei Rosário Jofile, como professor de Dogma. Eu comecei o primeiro ano de Teologia aqui em São Paulo, onde estavam esses dominicanos recém-vindos da França, mas brasileiros, e que começaram este centro de estudos aqui. Fiz Filosofia e depois Teologia, e me marcou muito a figura de frei Rosário Jofile, um pernambucano, dominicano, que foi um inovador. A gente tinha uma sedução por esse homem na linha do saber, pela forma como ele conduzia o estudo, na melhor linha do ensino daquele tempo: era na base do texto fundamental da *Suma teológica*, mas com muita liberdade, assim, no comentário. Nunca tivemos manual na Teologia. E a tese, que eu elaborei depois, teve algo um pouco ligado a esse início e a esse ano de convivência com frei Rosário: *A imagem de Deus no homem*. Eu a elaborei a partir desse primeiro contato com a ciência sagrada da teologia e conduzido por um homem de uma visão e de uma intuição muito ampla na linha do saber, da investigação, da busca e da opção dentro dessa mesma ciência.

MARCELO: *Vocês tinham uma turma de dominicanos muito especial, não era qualquer turminha, qualquer grupo. Essa história que você está contando fica parecendo uma história qualquer de alunos. Um grupo que inclui, eu acho, frei Mateus Rocha, frei Romeu Dale, frei Raimundo Cintra, frei Carlos Josaphat... Quer dizer, uma turma muito especial, um grupo de uma capacidade imensa.*

DOM TOMÁS: Frei Romeu foi mestre, nosso mestre. Frei Raimundo Cintra foi professor durante o seminário. Frei Carlos Josaphat veio posteriormente: eu já era padre e já estava trabalhando no Araguaia. Mas era uma equipe que, sediada ali nas Perdizes, se tornou ponto de referência para toda a Igreja, de São Paulo e do Brasil. Basta lembrar o *Brasil Urgente*: foi criado aquele jornal durante o tempo mesmo da ditadura, que se julgava "revolução"...

MARCELO: *Você foi muito próximo de frei Mateus Rocha, não é?*

Dom Tomás: Sim, a gente conviveu em Brasília, porque depois de um tempo que eu morei em Conceição do Araguaia, terminados os três triênios que eu tive como superior da missão, vim para o sul e optei por fazer Antropologia Lingüística em Brasília, e frei Mateus era reitor da UnB. Antes era o Darci Ribeiro, que depois foi ministro da Educação, e ele indicou o Mateus para reitor. Então a nossa convivência é praticamente daquele tempo, e depois, ele como provincial e eu, de novo, em Conceição do Araguaia, nós tivemos um longo convívio. Anos depois, o Mateus foi nosso professor, professor dos nossos alunos em Goiás, em Teologia.

Marcelo: *Agora nós estamos falando de um tempo em que a Igreja católica era muito diferente da de hoje em dia. Se hoje às vezes a gente acha que algumas coisas recuaram ou não estão tão fáceis, naquele momento era a época de Pio XII, da rigidez, de muito conservadorismo. E uma Igreja, inclusive, ligada aos poderosos e teologicamente muito controladora da pesquisa teológica. Muitos profetas e pastores, que marcaram a Igreja latino-americana — a gente pode lembrar Dom Hélder Câmara, mas mesmo, no plano latino-americano, Dom Oscar Romero —, tiveram num momento da vida uma conversão, uma conversão do jeito de ser, mais tradicional, para uma nova forma de viver a vocação, de viver o evangelho. Dom Hélder foi muito claro: chegou a ser integrista quando era novo; mas Dom Oscar Romero também era um bispo tradicional... Você, que viveu isso na sua vida, você teve essa mudança ou, pelo que a gente está ouvindo aqui, parece que, desde o começo, já era uma pessoa, digamos, da libertação? Como é que era?*

Dom Tomás: Olha, eu mudei. E atribuo essa mudança, com mais clareza, à preparação e depois à realização do Concílio Vaticano II. Eu tive a chance de participar da preparação, quase que trabalhando com frei Romeu Dale, que foi perito do Concílio. E ele, então, fazia aquela preparação dos esquemas, de forma participativa, muito com companheiros, padres, leigos, o pessoal ali. A partir daquele momento a gente começou a ver diferentemente o trabalho da Igreja. E até o trabalho da missão. Eu posso dizer que, na minha vida, a missão, com relação aos povos indígenas, começou a mudar ali. Nós tínhamos um trabalho que era mais de desobriga, não era tanto de catequese como no tempo do frei Gil Vila Nova com relação aos índios, mas não era esse trabalho que depois surgiu com Medellín e com as propostas do Leônidas Proaño: do índio sujeito; isso, na minha vida, mudou mesmo a partir de toda a onda conciliar, que para nós teve uma referência fortíssima em Medellín, graças já às experiências de prelados, como eu citei, de Leônidas Proaño, ou outros, Dom Larrain, por exemplo, Hélder Câmara, e aqui, próximo de nós, Fernando Gomes dos Santos. Então isso foi o que, pouco a pouco, transformou a nossa visão de atuação de Igreja no mundo dos pobres de uma forma diferente da forma anterior, que era paternalista, era no sentido catequético, era no sentido mesmo de um fortalecimento da posição da Igreja com relação aos pobres.

REVI: *Dom Tomás, que figuras da história, da ordem e da Igreja, mais o marcaram?*

DOM TOMÁS: Bom, eu já citei esse homem, Rosário Jofili, logo no início da minha formação teológica. E depois quero lembrar frei Romeu Dale, não talvez como personalidade, mas como pedagogia, no sentido de abrir para a realidade do Concílio Vaticano II, que nos envolveu a todos. Agora, no conjunto da Igreja, a gente já tinha as referências, como Dom Hélder Câmara e, aqui em Goiânia, por exemplo, Dom Fernando Gomes dos Santos. Esses homens que a gente admirava e que acabava arrastando como proposta de vida e atuação.

IVO: *Durante esse tempo todo de sua vida, que dificuldades pessoais você enfrentou como religioso? Alguma vez você teve o que se chama crise de fé? Chegou a pensar alguma vez até em deixar o ministério?*

DOM TOMÁS: Não, isso não. A minha vocação foi sempre tranqüila. Ela teve essas mudanças que eu citei no sentido de abrir os olhos com relação à missão da Igreja, mas ela foi avançando assim numa linha nova, encontrando muita colaboração, muito apoio, muito estímulo. Eu sempre tive esse apoio por parte dos meus superiores.

Um deles, por exemplo, frei Tousin, ao qual eu devo o fato de ter sido designado para as missões indígenas. Porque a primeira fase da minha vida foi uma fase de professor, chegava de um centro teológico com tese feita, com título de leitor em Teologia, que é um tipo de mestrado. A primeira fase, os primeiros cinco anos foram de ensino. Esse homem é que, talvez por necessidade da ordem, me designou para a missão indígena. Isto foi a grande mudança que aconteceu na minha vida: deixar a escola para entrar em contato com índios e sertanejos na área do Pará.

IVO: *Em que ano se deu isso?*

DOM TOMÁS: Isso se deu em 1957, a partir dali. Antes disso, estive um ano em Uberaba, depois mais, acho, quatro ou cinco anos em Juiz de Fora, sempre como professor, professor de Filosofia, professor de Lógica, de História da Filosofia, de Metafísica etc., nesse ramo. Depois, esse homem entra na minha vida e me manda para a missão indígena, que eu já tinha sonhos de fazer.

IVO: *Conversando com irmã Nívea Padim, que trabalhou com você lá em Conceição do Araguaia nos anos 1950, no início dos anos 1960, ela dizia o seguinte: que você pegou lá, nesse período de trabalho inicial com os índios, uma tradição de Igreja e até da ordem numa linha muito proselitista e sacramentalista. Mas que desde esse tempo, ainda nos anos 1950, antes mesmo do Concílio, você já trabalhava na perspectiva de descobrir as sementes do Verbo presentes na vida dos índios. Isso corresponde, você de fato abriu esse caminho?*

DOM TOMÁS: Olha, a gente não tinha muito mérito no tratamento com os povos indígenas; como eu disse, a missão era uma missão tradicional. Agora, já tínhamos superado a fase proselitista ou de querer catequizar os índios. Mas quem estava numa inserção, que depois me ajudaram muito a entender, eram as Irmãzinhas de Jesus, porque elas — quando eu cheguei, elas já estavam lá no Tapirapé — eram uma presença assim de amigas, de irmãs para os índios, niveladas com eles, com o mesmo tipo de casa, o mesmo tipo de atividade, sem nenhuma atividade catequética. E a gente via aquilo como uma proposta que nós poderíamos, por exemplo, levar adiante, e que de fato foi assumida pelo CIMI na hora da mudança da missão: de missão em que o índio é objeto da nossa ação caritativa para [a missão em que] o índio [...] se tornou protagonista da sua própria luta, da sua própria caminhada.

Revi: *O senhor instalou em Conceição do Araguaia — naquele tempo a gente morava em Marabá — a Rádio Educadora de Conceição. Foi assim a chegada da técnica em Conceição do Araguaia, utilizada pela Igreja. Houve dificuldades nisso, Dom Tomás?*

Dom Tomás: A parte burocrática, a parte de conseguir concessão, não foi difícil, não foi. Havia já algumas iniciativas pioneiras, como por exemplo a de Dom Sales lá no Nordeste, e isso no ministério daquele tempo era bem aceito. De maneira que era uma rádio educadora, e a gente já tinha a proposta desde o início — e eu tive o cuidado de visitar a experiência de Dom Sales das escolas rurais, da rádio rural que ele tinha lá em Natal; ele era bispo auxiliar e já estava movimentando isso, e depois o contato com o Movimento de Educação de Base, o MEB —, e a nossa rádio já foi plantada com o intuito de criar escolas. Chegamos a ter trezentas escolas de alfabetização. Foi uma revitalização de toda aquela região, e isso eu acho que era uma novidade para a área ali, e uma experiência apenas nascente no Nordeste, na região de Natal. Eu lembro que quando fui estudar essa experiência foi também o bispo de Tefé, Dom Joaquim Delanger, um holandês que levou o mesmo processo para aquele coração da Amazônia.

Revi: *E isso sob a sombra do golpe de 64, não é? E em 1965 o senhor já convocava os agentes de pastoral, algumas pessoas, para se prepararem na linha do MEB para a alfabetização de adultos, sendo que tinha sido extinto há pouco tempo o método de Paulo Freire. Naquele momento em que a gente estava olhando para todos os lados sem ver saídas, o senhor encontrou ali uma brecha que trouxe um resultado muito bom. Poderia contar um pouco disso para a gente?*

Dom Tomás: O MEB contava, por exemplo, na cúpula, na direção, com alguém muito ligado ao governo. Talvez por isso conseguiu apoio, inclusive apoio financeiro. As bases, o meio-de-campo, quer dizer, os técnicos, os professores, é que eram pessoas muito avançadas para aquele tempo, e era o que funcionava no MEB. Foi isso que, depois, entrou em choque com o golpe militar, que não tolerava nenhuma forma de conscientização. O MEB sobreviveu durante um tempo, porque, por exemplo, Dom Luciano Duarte era presidente e estava muito ligado aos militares, ao governo daquele tempo. O MEB, na faixa dos professores, dos animadores, já era gente muito avançada para aquele tempo e teve seriíssimas dificuldades na continuidade.

Ivo: *Vamos dar mais um passo: você assumiu a missão de administrador apostólico de Conceição do Araguaia. No depoimento da irmã Nívea Padim, ela nos dizia que quando você assumiu como administrador apostólico tinha como objetivo "fazer uma experiência pastoral de fronteira a serviço de uma Igreja sem fronteiras". Você podia falar um pouco sobre isso?*

Dom Tomás: Bem, estávamos, naquele tempo, já com o plano de pastoral de conjunto e havia diversas experiências de mobilização do pessoal de Igreja para assumir, promovendo a participação, a colaboração... Então, era uma Igreja que deixava de ser da responsabilidade só do padre ou do bispo, começava a ser partilhada. Nós tivemos, desde o início, a experiência de assembléia. Então, como a proposta que vinha de João XXIII era de um plano de conjunto, nós passamos por esse processo em Conceição do Araguaia, sabendo da nossa posição extrema. Nós éramos o extremo limite de uma sociedade que terminava praticamente ali; depois era a Amazônia, eram os povos indígenas. E nesse sentido o trabalho que foi sendo feito procurou ter um enraizamento naquela área, que é uma região, assim, totalmente fora do centro, uma região que confina com os povos indígenas, uma região pioneira no sentido das novas levas de migrantes, que vinham em busca da *terra da bandeira verde*, vinham do Nordeste. Então, o nosso trabalho foi voltado para essa realidade daquele povo, dos povos indígenas e também dos lavradores, do pessoal agregado daquelas antigas fazendas, dos campos de Conceição do Araguaia.

Na perspectiva que ia se abrindo, já estávamos vivendo, então, o tempo do Concílio, que terminou em 1965. Eu assumi a Prelazia de Conceição do Araguaia, quer dizer, fui designado como administrador em agosto de 1965. E ali, então, já tínhamos essa visão conciliar, pelo menos participando da preparação do Concílio na forma como a gente falou.

Marcelo: *Tomás, essa experiência sua em Conceição do Araguaia o colocou, como você falou no bloco anterior da nossa entrevista, numa relação mais direta com os lavradores, com a questão da terra, com a questão da injustiça social... E a região do Araguaia, mais tarde, quando você já não vai mais estar lá, teve toda essa experiência do que se chamaria "Guerrilha do Araguaia": toda uma violência muito grande, um massacre! A minha pergunta é se já naquele tempo você sentia na região as sementes daquele movimento que surgiu depois.*

Dom Tomás: Sentia um inconformismo com o processo de ocupação da Amazônia, que foi um processo de negociação e de venda, de mercado da terra. A terra era inicialmente terra do Estado, da Federação, depois, pela Constituição, foi passada aos Estados, aos governos estaduais. E eles começaram, então, a vender aquilo no mapa. Muita corrupção, porque entrava dinheiro dos latifundiários do Sudeste (São Paulo e Minas Gerais) e do Sul (Paraná), que chegavam lá para comprar a terra pelo preço que o governador dava. E essas terras estavam em áreas indígenas e de lavradores. O meu primeiro choque foi, justamente, acompanhando com muitas reuniões seguidas e buscando caminho, que a gente não sabia qual, de apoio a esse pessoal que já estava lá havia muito tempo, inserido, como pobres, já posseiros daquelas terras; de repente, o mandato de "dar o fora", porque a terra tinha sido comprada! E eles chegavam com o título passado pelos melhores cartórios de Belém. Depois eu fui para Goiás, e a guerrilha foi em seguida. A guerrilha, ela caiu assim como que de cima para baixo na região; não foi uma coisa preparada pelo pessoal, que teria motivos para sonhar com essa forma de reação. Mas, não, a guerrilha foi pensada, elaborada, em outros ambientes, em outro contexto e aplicada ali. Nessa aplicação, então, houve diversas contradições com a população local. Uma primeira reação foi boa, de aceitação: era pessoal professor, pessoal médico, enfermeiro, que vinha encontrar essa turma. E depois, então, se revelou como que de oposição, e mesmo oposição organizada e armada com relação ao golpe militar.

Marcelo: *Você sempre foi, nesse sentido, pelo que a gente está ouvindo, pioneiro, a abrir caminho para a Igreja, com uma sensibilidade social diferente dos bispos da época, na sua maioria. Como é que sua família acompanhou isso, uma família, digamos, de classe média, vendo de repente você sair um pouco do ambiente e entrar numa relação em que começou a ser acusado como bispo esquerdista, ou sei lá! Como é que a sua família acompanhou isso, como é que ficaram as relações familiares?*

Dom Tomás: Elas foram tranqüilas. Não houve nenhuma rejeição por parte da família. Eu acho que alguns membros da família me deram apoio mais explícito. Eu posso citar: Nena, Belinha, entre as irmãs, Zélia (as que estão vivas), outras talvez menos, Ana, Márcia, por causa, talvez, de uma opção não tão radical, mas muito respeitosa e muito compreensível... Não tivemos conflitos. Então, algumas irmãs, eu citei a Nena, mas podia citar também Teresa, Teresa Balduino, que morreu em Franca, davam total apoio, total estímulo. Eu acho que, sobretudo, meu irmão José Décio Álvaro, que já tinha morrido: esse era engajado até no Partido Comunista, você imagina, né... A família já tinha uma tradição de abertura. E os sobrinhos herdaram essa tradição, em grande parte. Eu não sei por que, talvez não seja influência do tio (*risos*), mas os sobrinhos admiram o tio e eu acredito que por um motivo ou por outro entraram nesse caminho, e cada um tem a sua própria história. Mas é que a gente navega aí com muito apoio, com muita simpatia, e isso me ajuda muito no meu trabalho.

Ivo: *Olhando agora a dimensão religiosa, a vida de religioso. A gente podia dizer que você tem uma experiência muito rica, privilegiada até: foi religioso, superior de comunidade, administrador apostólico e bispo. Como bispo, você acolhe e dialoga, vê a vida religiosa masculina e feminina quase que de fora e de dentro ao mesmo tempo. Agora, você já deixou o trabalho direto de bispo na Diocese de Goiás e está de novo vivendo num convento de dominicanos...*

DOM TOMÁS: É, nós estamos aqui nesse convento, numa casa religiosa... Voltei a ser frade.

IVO: *Então, se você fosse provocado por nós, agora, para dizer uma palavra sobre a vida religiosa, e particularmente para os dominicanos, as dominicanas, o que você diria? O que você acha que é mais importante hoje em dia?*

DOM TOMÁS: Olha, eu, como bispo e ligado a outros bispos, por exemplo, com Dom Pedro, que é também religioso, claretiano, a gente tinha uma posição como todo bispo, autônoma, independente do governo religioso. E isso, talvez, me possibilitou uma visão mais clara da função do religioso. Eu senti isso, senti a conversão, a transformação dos religiosos após o Vaticano II, sobretudo com aquele grupo de religiosos da CLAR, que tiveram até dificuldades com Roma. E aí, a inspiração, a mobilização do Espírito de Deus nesses diversos grupos, nessas diversas famílias religiosas, que começaram, então, talvez engajados melhor do que nós bispos, a encontrar como campo de trabalho os pobres, os índios, as periferias... E começaram a fazer a leitura da própria Palavra de Deus numa linha libertadora, que foi o programa Palavra Vida. Que pagaram, pagaram com isso. Então, entre esses religiosos, felizmente, os dominicanos têm uma posição até de destaque, talvez pela ação dos companheiros presos: Beto, Tito, Fernando, Ivo e os outros que foram visados pelo golpe militar, que estiveram cumprindo pena em presídios. Isso confirmou na gente a certeza dessa missão. Além disso, outra experiência *sui generis* da vida religiosa foi a dos companheiros lá de Goiás, os do Mosteiro, buscando, num continente como o latino-americano, e como experiência nova para a própria Igreja, uma atuação junto aos pobres, oprimidos e injustiçados.

REVI: *Dom Tomás, espera-se que este livro, além de revelar um pouco de sua pessoa, seja também motivação constante, contribui-*

*ção para a Igreja, para todos nós. Assim, o que o senhor de modo especial pode dizer a nós, dominicanos e dominicanas, aos jovens que se propõem a optar pela vida dominicana?*

DOM TOMÁS: Bem, eu me coloco numa posição bem cômoda com relação à sua pergunta, porque resolvi voltar como bispo emérito para o seio da família dominicana. Primeiro, a gente sempre cultivou aquela amizade, aquela comunhão com os dominicanos, como colaboradores lá em Conceição do Araguaia e também em Goiás. E depois pelo fato de acompanhar também a caminhada da própria Província aqui no Brasil e, sobretudo, com o último governo geral do Timoty, o mestre geral da ordem, conhecido, assim, pela sua posição clara, profunda, com relação aos problemas da vida religiosa na ordem. E eu, voltando, optei por estar aqui justamente querendo ter um ponto de apoio para o meu trabalho posterior, que está sendo inicialmente agora na Comissão Pastoral da Terra e depois vai se desdobrar como, talvez, fé e política. E exatamente a ordem está nesse mesmo empenho, em todo o canto, sobretudo a juventude que entra, que são jovens que eu acho bem amadurecidos para iniciar a vida religiosa — e essa casa onde eu moro é uma casa também de formação, eu os vejo passar por aí. De maneira que a gente não precisa estimular essa esperança: eu vivo essa esperança na família dominicana, nessa opção pelos pobres, pela justiça, pelos lavradores, pelos últimos da nossa sociedade e da nossa Igreja. É nesse sentido que eu me sinto muito bem, em casa, continuando esta vida como religioso dominicano.

# DEPOIMENTOS

# TOMÁS, O MISSIONÁRIO DOMINICANO

*IRMÃ NADIR RODRIGUES DA SILVA**

4º DA ESQUERDA PARA A DIREITA, RECÉM-ORDENADO, EM MISSÃO – 1947

EM VIAGEM A SERVIÇO DAS COMUNIDADES RIBEIRINHAS DO ARAGUAIA

* Irmã Nadir está no segundo período de priora geral das Dominicanas de N. Sra. do Rosário de Monteil. Antes disso, entre outras atividades, trabalhou na Diocese de Goiás.

O ser dominicano de Dom Tomás Balduino é motivo de ação de graças para toda a Família Dominicana. É neste registro de louvor e júbilo que entramos com os "olhos do coração" para reforçar esta homenagem feita em mutirão do bem-querer e do reconhecimento.

Na vida de Tomás, marcada pela coerência, os traços de Domingos de Gusmão foram pouco a pouco ganhando contorno e nitidez, e nós nele reverenciamos a fidelidade que o situa ao lado de muitos irmãos e irmãs que, através dos séculos, souberam conservar, atualizar e transmitir o carisma daquele a quem veneramos como "homem apostólico, pregador da graça, doutor da verdade, luzeiro da Igreja".

A opção evangélica de Tomás e sua prática missionária trazem a marca inconfundível de Bartolomeu de Las Casas e Pedro de Córdoba, de Catarina e Rosa, de Gil Vilanova e Gil Gomes, de Chenu e Congar, de Luiz Lebret e Pierre Claverie. Tomás pode e sabe, com a riqueza de seus talentos, somada à sua incansável generosidade, fazer a síntese dos valores que permitem à Família de São Domingos continuar sendo chamada a habitar no "coração ferido da humanidade" como fermento e sal, como referência e luz.

O jovem dominicano, que alicerçou sua formação na mais pura tradição da ordem, no Convento de Saint Maximin, na França, volta para o Brasil com a determinação de se fazer servidor da Palavra. O ministério da pregação exercido por Tomás é sempre inspirado em sua paixão pela justiça. Ele descobriu muito cedo que "aos olhos de Deus a justiça é a mais amada de todas as coisas". Sua palavra forte, corajosa, alimentada na escuta de Deus e dos homens, torna-se então sua arma de fogo em defesa dos injustiçados e excluídos. Nos Atos da recém-criada Província Santo Tomás de Aquino, lemos que frei Tomás, vice-diretor da Escola Apostólica de Juiz de Fora, é sempre convidado a percorrer as estradas do Sudeste do país entre Minas, Rio e São Paulo para partilhar sua fé e anunciar a urgência do Reino, por meio de retiros, cursos e conferências. Como Pierre Claverie, Tomás "é religioso antes de ser bispo e pregador antes de tudo".

O religioso, sob o signo da obediência, exerce todas as funções que a Província lhe confia. Investe com entusiasmo seu talento de organizador, pedagogo, atleta e artista na formação dos meninos da Escola Apostólica. Há que se lembrar dos teatros, das noites de audição musical, dos acompanhamentos e competições esportivas, das vozes dos Pequenos Cantores de São Domingos, fazendo vibrar auditórios das várias cidades ao ouvirem a interpretação de "A Cantata", de Haendel, do "Ave Verum", de Mozart, e do "Cântico do Sol", música de Bach e letra adaptada por frei Tomás.

"As circunstâncias ajudam a moldar o homem quando o homem sabe se colocar à altura das circunstâncias." Ainda com o coração embalado pelas vozes dos pequenos cantores, frei Tomás é nomeado superior das Missões em Conceição do Araguaia, onde descobre, chegando, a magia de outras vozes: "Carajás cantando nas praias uma lenda por todos sentida". Vozes de carajás, lamentos dos sertanejos. Os pobres das bem-aventuranças têm rosto e nome. Com eles, frei Tomás sela uma aliança que jamais será quebrada. A vocação pela itinerância se confirma e também não terá fim. Todos os meios de transporte são bons para ir ao encontro do outro, dos outros. O convento é a missão. "As visitas anuais aos campos são feitas a cavalo, durante dois ou três meses, de barco, quando feitas às margens do Araguaia, sem falar nos longos dias de caminhada a pé." Na primeira quinzena de junho, em companhia do padre provincial, frei Alano e frei Tomás excursionaram pelo Araguaia e pelo rio das Mortes, num percurso de quase três mil quilômetros. A viagem não foi só um passeio, é claro.

> Unindo o útil ao agradável, íamos estudando também os problemas da Missão. Como tudo fica azul visto na linda perspectiva das praias douradas do Araguaia, do luar brilhante, das pescarias e das caçadas surpreendentes!
> Frei Gil vai freqüentemente à aldeia. Lá tem passado temporadas longas, socorrendo, curando e preservando os índios da exploração dos castanheiros e das epidemias de gripe e sarampo que os vinham dizimando por motivo do recente contato com o sertanejo. São um pequeno e

> simpático grupo, estes índios mandjuri ou suruí, como eles se chamam, bem reduzidos hoje em comparação ao que eram uns poucos anos atrás. De qualquer forma, são também nossa paróquia, são a menina de nossos olhos (frei Tomás Balduino).

Frei Tomás já lança as sementes de uma nova ação pastoral: antes do Concílio Vaticano II, sonha com a Igreja Povo de Deus. A fé do povo é alimentada por salmos, hinos e cânticos espirituais:

> Os fiéis de Conceição corresponderam com entusiasmo ao trabalho dos padres em tornar a missa paroquial mais vital por meio de leituras dos textos litúrgicos, dialogação de certas partes mais fáceis da missa. Mas, sobretudo, apreciaram os cânticos de entrada, ofertório e comunhão. Até turistas se impressionaram com o fenômeno de uma Igreja toda cantando.

Fé e vida têm de andar juntas:

> A missão vai se modernizar. Terá emissora própria destinada a educar o povo: alfabetização, cursos variados de agricultura, pecuária, puericultura, mais evangelização em profundidade. Por este meio, podemos levantar o nível social do sertanejo absolutamente isolado de toda civilização e, quem sabe, resolver até o problema da catequese indígena (Memória Dominicana, 1959).

Nomeado administrador apostólico da Prelazia de Conceição do Araguaia, frei Tomás torna-se monsenhor. A notícia é acolhida com grande alegria na cidade, na região e por toda a Família Dominicana. A missa de posse do novo prelado é uma verdadeira assembléia do Povo de Deus. Monsenhor Tomás recebe os distintivos que simbolizam sua entrada na hierarquia da Igreja. O báculo que ele quis de pau-brasil, confeccionado por um artesão da cidade, sinaliza para um novo estilo de ser prelado, marcado pela simplicidade e pelo despojamento de quem aceita ser o servidor de todos. A organização da Prelazia, feita com a participação do clero, encontros para estudo da realidade local e do mundo em mudança, da situação da Igreja pós-conciliar, a criação das equipes de serviços, a formação do conselho de pastoral revelam o desejo de uma administração descentralizada que suscita co-responsabilidade e participação de todos na edificação dessa Igreja que vai confrontar-se com os desafios inerentes à sua opção definida pelo Evangelho como Boa Nova de vida e esperança para os pobres.

A Missão realizada em equipes fortifica a ação de monsenhor Tomás, que "enfrenta os obstáculos sem cair". Segue em seu ritmo seguro e calmo porque "sabe em quem deposita sua confiança". Dificuldades, confrontos com os poderosos que se instalam na região, agredindo e usurpando os direitos dos sertanejos indefesos e desprotegidos, não tardam:

> Santa Teresinha vive, agora, um problema social de muita importância. Um grupo capitalista de São Paulo acaba de comprar as terras da cidadezinha para colonizar a região. A coisa é recente. Estavam por lá quando cheguei para a Semana Santa. Visitaram-me para saber os planos que temos para os trabalhos locais. Recebi-os bem, mas com a maior frieza, e fiz ver a eles que a Missão se preocupa exatamente com o problema social do homem do campo e das matas e procura dar-lhes todo apoio no sentido de terem um mínimo de garantias jurídicas que lhes assegurem a posse legítima do que, por direito, lhes pertence (Memória Dominicana — Notícias da Prelazia — 1996).

Os índios, os sertanejos desprotegidos, os jovens são pólos de atenção especial da Missão. A união de forças de todos os agentes leigos, religiosos, é um caminho para encontrar saídas e respostas:

> "Fizemos, em Conceição, uma reunião de todos os educadores, os padres do Seminário, as irmãs, para nos conhecermos melhor, nos entendermos e tomarmos consciência dos problemas que se colocam para a juventude local" (Memórias da Província — Prelazia — 1996).

A ação missionária na Prelazia traz as marcas da época: dinamismo, muita generosidade para responder aos apelos, coragem para enfrentar conflitos e desafios. A situação global do país e da Igreja é complexa e difícil. Os laços de solidariedade se reforçam, confirmam-se os compromissos no coração dos militantes. É proibido ter medo. É proibido partir. Continua a itinerância.

> Remador, deixa o barco correr,
> que estas águas me levam pro além.

Monsenhor Tomás, sagrado bispo de Goiás, na Catedral de Goiânia, torna-se Dom Tomás. Em clima de simplicidade e oração, a Igreja acolheu multidão de amigos, colaboradores, padres, bispos. Dom Alano du Noday estava presente. O pastor via-se cercado e apoiado por muitos irmãos e irmãs dominicanas. O povo de Conceição do Araguaia participava da alegria da festa, mas estava triste de ver partir o querido prelado. A delegação de Goiás, presente na sagração, exultava, confiante na coragem empreendedora do novo bispo, sucessor de Dom Cláudio Poncio. Dom Tomás estava sereno, confiante, amparado na bênção da padroeira da Prelazia, bênção tantas vezes pedida no canto:

> Aqui servimos a Igreja do teu Filho
> sob teu Imaculado Coração.
> Dá-nos tua bênção e nós faremos
> De nossa vida uma constante oblação.

Começa então a rica, bonita, sofrida e surpreendente história da Caminhada da Igreja de Goiás. As Boas Notícias vão ser relidas neste livro homenagem-depoimentos.

Dom Tomás, o bispo aviador, aterrissou na terra de Cora Coralina,

> com a coragem de profeta acesa,
> com todo ardor que repele a cobiça
> gritando forte por pão e justiça.

A todo tempo e na contramão, ele observa, escuta, pesquisa e descobre que, em Goiás, o pobre tem o rosto do lavrador sem terra. Com o coração invadido pela misericórdia, ele convida:

Venha co'a gente companheiro irmão!
Faça caminho nesta dura estrada,
Traga consigo uma certeza e mais nada,
Venha lutar pela libertação!

A Diocese de Goiás tornou-se uma encruzilhada de esperança. Não se pode contar o número de semeadores de utopias vindos do Sul e do Norte, de longe e de perto, de dentro e de fora do Brasil para cuidar das sementes do Reino, escondidas nos canteiros e campos situados entre a serra Dourada e o rio Vermelho, entre Uru e o vale do São Patrício. A principal ferramenta é a Bíblia com a história do "Deus que escuta o clamor do povo que sofre", com o Evangelho que ensina que "Deus é amor e que Ele nos amou primeiro", que Jesus manda "libertar os pobres" e "separar o arroz do timbete" e que "Ele mesmo veio para que todos tenham vida, e vida plena". Outras ferramentas são as celebrações, os grupos de Evangelho, os cursos de formação, as equipes, as assembléias diocesanas, a educação que conscientiza e liberta, a saúde que põe as pessoas de pé e prontas para caminhar, os sindicatos de oposição, os movimentos populares, as associações, o engajamento na política para ajudar a sanear as estruturas corrompidas e conquistar o bem comum.

"Não se acende uma lâmpada para ser colocada debaixo do alqueire." A luz desta lâmpada, acesa pelo clamor dos pobres, alimentada com o óleo do Concílio Vaticano II, purificado e derramado na Conferência de Medellín, somada à de tantas outras, clareia a realidade, suscita a profecia, reúne os empobrecidos e faz nascer a CPT, o CIMI, prepara e coloca nos trilhos os vagões das CEBs. É denúncia e anúncio. É preparação da Nova Terra:

A Nova Terra desde agora preparamos
Onde se bebe da igualitária Vida
Em cada chão e cada mesa repartida,
Na liberdade dos irmãos amados ("O canto da Nova Terra").

A Diocese de Dom Tomás, bispo emérito, não tem fronteiras. Ele é pastor do mundo dos pobres, dos injustiçados, dos excluídos. Não se pode contar os passos que dá, os quilômetros que anda e que voa para defender os perseguidos, para apoiar e confortar os irmãos, para tecer laços de solidariedade, para articular forças e celebrar vitórias. Anda quilômetros para testemunhar sua confiança no futuro que Deus quer para a humanidade; por isso investe na ação política como conseqüência de sua fé. Concorda com padre Lebret, que diz: "a política é a mais elevada disciplina depois da teologia e a ambição política é a mais nobre depois da missão apostólica". Tomás compromete-se com todas as "causas" que levaram seus irmãos a marcar a história do Brasil e da Igreja na América Latina com o selo da profecia e do martírio.

Como irmão, apesar de todos os compromissos, é sempre pronto a colaborar, sobretudo quando se trata de ajudar a dar passos na linha do compromisso do Evangelho. A relação é sempre simples e fraterna, em confiança.

Como autêntico dominicano, Dom Tomás voltou a viver na comunidade dos irmãos. É o lugar da convivência, da partilha fraterna, da oração, valores que ele sempre cultivou. Sua luta pela justiça não se sustentaria se não fosse alicerçada numa profunda contemplação. É o "*contemplata alliis tradere*" da ordem. A relação com as irmãs é também simples, na confiança e na entreajuda. Sempre acha jeito de estar disponível para fazer e avançar no compromisso com o Evangelho. Recorda com gosto as "estórias" de frei Gil Gomes e de frei Antonino. Sua vida, como a de todos que entram na aventura das bem-aventuranças, não deve ser fácil, mas ele guarda o segredo de suas lágrimas, penas e cruzes. Parece ter levado a sério, como padre Lagrange, o conselho de Nietzsche: "Deixa crescer em maturidade e doçura os frutos da sua longa existência para que neles não penetrem nem acidez nem amargura".

Dom Tomás, como todo seguidor de Jesus, descobriu a alegria de se saber servo inútil, por isso transmite sempre um incrível sentimento de liberdade e uma esperança capaz de abraçar o mundo. Tomás tem resistência de aroeira e a "tranqüilidade da árvore plantada à beira da fonte".

# Dom Tomás Balduino, frade dominicano

*Frei José Fernandes Alves, OP**

Ordenação episcopal na presença de Dom Alano du Noday – 1967

Sempre senti dificuldades em falar ou escrever sobre pessoas. Imaginem a dificuldade em que me encontrei ao receber o pedido de meu provincial para escrever um pequeno texto sobre Dom Tomás Balduino, e mais: em nome de nossa Província Dominicana do Brasil.

---

* Secretário executivo do Secretariado Nacional de Justiça e Paz da Família Dominicana.

Confesso que a primeira lembrança que me veio — e creio que ninguém vai discordar — foi a de associar frei Tomás Balduino a frei Bartolomeu de Las Casas (1484-1566), recém-eleito padroeiro dos Frades da Ordem dos Pregadores no Brasil.

Frei Bartolomeu, homem nascido em Sevilha; frei Tomás é goiano. Frei Bartolomeu, indiscutivelmente, é um profeta das causas humanitárias, particularmente das causas indígenas, destacando-se com doutrinas e posições audaciosas para aqueles tempos e para os dias de hoje; frei Tomás, inquestionavelmente, é um profeta da transição para o terceiro milênio, especialmente no que se refere às causas indígenas e, de modo especial, às causas do homem e da mulher da terra, com ênfase bastante radical nas causas das pessoas e famílias que não possuem terra para morar e para trabalhar. O primeiro ingressa na Ordem dos Dominicanos em 1523; o segundo faz sua primeira profissão religiosa na mesma Família em 1943. Frei Bartolomeu é sagrado bispo em 1544; frei Tomás ingressa no serviço do episcopado em 1967, em pleno auge da ditadura militar.

Acredito que deva ser um tanto difícil para muitas pessoas pensarem Dom Tomás Balduino como um frade dominicano procurando testemunhar, com a vida, os valores que a Vida Religiosa Consagrada possui e, especialmente, aquilo que o carisma de São Domingos de Gusmão inspira para o mundo pós-moderno, desde o século XIII.

Pois bem, é esse o aspecto da vida deste tão querido irmão que a mim coube ressaltar; por isso, recorri a depoimentos de pessoas que tiveram a graça, em diferentes épocas e diferentes circunstâncias, de conviver com frei Tomás.

Frei Humberto Pereira de Almeida, hoje companheiro de convento de frei Tomás e que o teve também como companheiro nos anos 1940, na condição de estudantes dominicanos, destaca:

> Em todo o tempo a serviço da Igreja, como bispo, Dom Tomás sempre manteve intenso vínculo conosco. Penso

> que nunca seremos suficientemente gratos a Dom Tomás por ter ele optado por viver em nossa comunidade, em Goiânia, como frade comum ao entregar a jurisdição da sua Diocese. E ao voltar para o convento Dom Tomás não "se aposentou". Continua seu intenso trabalho, sobretudo como presidente nacional da Comissão Pastoral da Terra, na sua reflexão sobre a Fé e a Política, na sua participação conosco na Justiça e Paz — uma das prioridades da nossa Ordem —, funções que o obrigam a grande mobilidade em nível nacional e internacional, mas Dom Tomás se considera religioso como nós. Participa dos nossos atos comuns, inclusive nas orações, nos colóquios comunitários e nas refeições. Encontra-se perfeitamente bem conosco e nós nos comunicamos com ele como com os demais da comunidade. Pela sua vasta experiência, ele representa para nós um pouco o "irmão mais velho". Tem imenso amor pela Ordem Dominicana, através da qual Deus o chamou para a consagração e o serviço à Igreja-povo.

Na condição de membro da mesma comunidade religiosa, tenho a imensa alegria de testemunhar que o nosso irmão Tomás é um grande companheiro. Muito simples e humilde, muito sábio e perspicaz. Profundamente intuitivo, frei Tomás representa para nós da Família Dominicana um dos grandes referenciais como filho e discípulo de São Domingos de Gusmão.

Esse frade-bispo pastoreou a Diocese de Goiás por pouco mais de trinta anos. Lá viveu, lá foi semente e sinal do Reino, muito especialmente junto aos empobrecidos; por isso busquei um testemunho de um outro frade dominicano que conviveu e trabalhou muito próximo a este pastor, por 25 anos ininterruptos. Trata-se de frei Marcos Lacerda de Camargo que afirma:

> escrever sobre Dom Tomás-frade não é nada difícil, pois sua sagração episcopal foi fundamentada na confirmação de seu carisma dominicano: homem da verdade, do discernimento e do estudo cada vez mais profundo. Conhece-

> dor e respeitoso das culturas dos diversos povos que formam o nosso povo, especialmente em sua paixão pelos povos indígenas e em sua luta a favor deles e dos pobres sem terra ou de poucas terras.
> Demonstrou-se sempre apaixonado pela Ordem Dominicana e amigo de todas as outras congregações e ordens religiosas, como verdadeiro irmão mais experiente, conselheiro de grande sabedoria e visão dos grandes desafios pessoais e comunitários, não perdeu sua sensibilidade e compaixão em todas as situações difíceis dos frades, assim como de todo o povo sofredor. Sua missão anterior ao bispado e sua opção depois de entregar o pastoreio da Diocese de Goiás — voltando para o convento — confirmam sua fidelidade à Vida Religiosa Consagrada no prisma do carisma dominicano.
> Sua força, sua firmeza e seu serviço de Justiça nas decisões mesmo como bispo nos demonstravam sua sólida formação de frade dominicano.

O mundo todo, mas especialmente a América Latina, é testemunha de que frei Tomás foi e continua a ser aquilo a que o Capítulo Geral dos Frades Dominicanos exorta, em meados de 1970: "esperança aos empobrecidos e advertência aos poderosos". Suas relações e posturas, especialmente como bispo da Diocese de Goiás, como presidente do CIMI — Conselho Indigenista Missionário — e, ainda, na condição de presidente da CPT, confirmam a afirmação acima.

Mesmo limitando-me à minha Província ou à minha Família Religiosa, muitos outros depoimentos poderiam ser somados a este texto que testemunha a riqueza e a gratidão do que é conviver com frei Tomás e inspirar-se em seu sossegado, porém firme jeito de ser irmão e bispo goiano.

Finalizando a transcrição de testemunhos, coloco aqui o que a jovem religiosa dominicana irmã Maricélia Páz, muito espontaneamente, fala sobre frei Tomás:

São pouquíssimas as pessoas que têm o privilégio de viver certas etapas da vida com uma pessoa que imprime seu jeito de ser de forma livre e radiante. Fui uma delas, quando morei com frei Tomás, por dois anos. Às vezes, digo que foi um segundo noviciado.

Sinto neste frade um homem paterno, fraterno e sobretudo mestre na compreensão e na vivência de valores da nossa tradição dominicana. Cito apenas alguns: o primeiro é a compaixão por homens e mulheres e, sobretudo, pelos pequenos do Reino. Para mim é intrigante e questionadora a forma com que ele se expõe nas diferentes situações de conflitos, onde a vida está sendo ameaçada e sufocada com sofrimentos, desgraças e desesperanças... Esta posição não tem limites para ele. Vive com os pobres os seus reais problemas, trazendo consigo a esperança que move ações de transformação e de vida.

O segundo é a inteligência, alimentada por compaixão, oração e estudo. Inúmeras vezes, ele fazia um verdadeiro retiro na Chácara do Lar São José, próximo à cidade de Goiás, para estudar e rezar, buscando assim um ato de esperança, dando certeza no sentido da vida e no sofrimento dos pobres e de todos aqueles(as) injustiçados(as) que buscavam uma "Boa Nova" junto a ele. A inteligência é uma de suas características marcantes, pois nela ele nutre e fundamenta a nossa esperança de que as possibilidades utópicas são realizáveis. Como uma pessoa inteligente, ele sabe acolher e escutar o outro e tem a capacidade de analisar criticamente a realidade eclesial e social. Creio que isso o faz ser um homem de postura e de percepção da história humana como o tecido da concretude da graça do Evangelho. Em nenhum momento ele deixa passar a oportunidade de imprimir sua opinião nos processos de decisões, seja no âmbito eclesial, seja no âmbito sociopolítico, para favorecer os pobres e os marginalizados.

O terceiro é a compreensão de Igreja numa perspectiva teológica, eclesial e pastoral animada sobretudo por leigos e leigas e comprometida com as questões sociais e políticas e nas ações concretas na justiça e na solidariedade. Este é o sentido de co-responsabilidade laical em toda a vida ministerial da Igreja, revitalizando-a e impulsionando-a para a sua missão no mundo.

O quarto elemento é sua fraternidade, ou mesmo sua paternidade, nas relações que vai construindo ao seu redor. Ele é um homem de verdadeiras amizades, com mulheres e homens; ele as vive com um profundo sentimento de amor, que alimenta e cativa a relação. Não é por menos que ele tem tantos afilhados e afilhadas e, em especial, pobres. Sempre me impressionava o número de pessoas que chegavam ao Centro Diocesano de Pastoral dizendo: "Eu sou fulano(a), do assentamento tal, e gostaria de falar com meu 'padim', o bispo Dom Tomás Balduino". Nesta relação, as pessoas se sentem sujeitos livres e dignos, com nome e sobrenome. Tenho a impressão de que ele aprendeu com os índios a ter tantos afilhados, e a todos ele conhece pelo nome.

Alimentados(as) com estes três depoimentos, aos quais também me associo, e respeitando o espaço que me foi cedido para este artigo, tenho ainda a testemunhar que Frei Tomás Balduino é:

- um homem profundamente místico, cuja espiritualidade se afirma no amor à Palavra de Deus, à oração e ao comprometimento com a verdade e com as causas dos indefesos e empobrecidos;
- uma pessoa que pensa e age globalmente e também pensa e age localmente;
- um bispo que convive e dialoga com a alteridade — a outra realidade, seja ela humana, religiosa, ideológica, política... —, sem jamais deixar de explicitar suas firmes e decididas convicções e posições;
- um frade apaixonado também pela sua família religiosa: ele foi a primeira pessoa que, em janeiro de 1998, a

menos de dez minutos de minha eleição para a missão de provincial, telefonou saudando-me e me encorajando; na mesma ocasião, pediu — isso mesmo: pediu — para retornar ao convívio de um convento dominicano, logo após a sua renúncia ao pastoreio da Igreja Particular de Goiás;

- um cristão que assume, com clareza e segurança, o seu testemunho de seguidor de Jesus Cristo encarnado na sociedade hoje: sua militância na Pastoral da Terra, no Movimento Fé e Política, na dinâmica da Justiça e Paz, enfim, suas transparentes atitudes são reveladoras de uma pessoa que vive a perspectiva da fé vinculada à vida, inclusive em sua dimensão política e político-partidária;
- é um cidadão cristão comprometido com a cidadania dentro e fora da Igreja: sua intransigente luta em favor dos sem-terra e dos sem outras tantas condições de vida. Foi ele quem moveu o coração do atual mestre dos frades pregadores quando, em dezembro último, nos acompanhou junto a um acampamento de sem-terra e sem-teto, no centro da cidade de São Paulo, inclusive animando aquela população privada de tantas condições de dignidade, motivando-a a "ocupar, resistir e produzir". Sou testemunha: isso mexeu muito com o atual sucessor de São Domingos.

Nós, frades dominicanos do Brasil, somos muito gratos por ter frei Tomás entre nós, tanto é que o último Capítulo Provincial, em sua única moção de louvor, assim se expressou: "Louvamos a Dom Tomás Balduino, testemunho vivo de encarnação de São Domingos e de Las Casas. Seu compromisso evangélico com as causas da justiça junto à Comissão Pastoral da Terra, ao Movimento dos Sem Terra e a outras organizações de Direitos Humanos é profético e verdadeiramente dominicano".

Frei Tomás é profundamente humano e fraterno. Ainda hoje — dia em que estou escrevendo este pequeno artigo — ouvi dele, em reunião de nossa comunidade conventual, dirigindo-se a um de nossos irmãos: "Você precisa cuidar de sua saúde, você precisa fazer caminhada; caso contrário, estará ofendendo a Deus".

Essa é a inspiração evangélica que dá origem à Ordem dos Frades Pregadores, passa por Domingos de Gusmão e prolonga-se, hoje, por milhares de pessoas da Família Dominicana, inclusive nosso frei Tomás Balduino.

# Parte 3

# Diálogo com Dom Tomás

# Tomás: bispo da Igreja a serviço dos pobres

Após ordenação episcopal, foto com a família

Como um bom início do diálogo sobre a missão episcopal de Dom Tomás, destacamos as palavras pronunciadas por ele quando assumiu o episcopado na Diocese de Goiás, em 17 de dezembro de 1967. Elas nos revelam o espírito evangélico com que se colocou a serviço da Igreja e a coerência com que viveu seu ministério.

## Primeira alocução de Dom Tomás Balduino

Duas palavras, nesta celebração da Palavra de hoje, sensibilizam de modo especial a liturgia. Uma delas diz assim:

"Eu não sou o profeta: Eu não sou Elias, não sou Jeremias; eu sou a voz que clama no deserto. Preparai os caminhos do Senhor". E a outra palavrinha, de exultação, que diz assim: "Alegrai-vos, o Senhor está próximo". De um lado, João Batista dizendo "Eu sou a Voz"; de outro lado, o povo que se alegra, porque aquele que deve vir está às portas. Meus irmãos, João Batista não cessou de falar e a sua voz não foi emudecida pelo fato de a espada lhe ter cortado o pescoço, porque João Batista é a Igreja, é o povo de Deus. João Batista, não é outra a figura desse povo e dessa Igreja, cujo papel é preparar os caminhos do Senhor. E é por isso que João Batista está tão atual, tão vizinho a todos nós, à época de hoje, porque mais do que nunca a face da Igreja brilha diante do mundo em que nós vivemos.

E esta preparação, meus irmãos, dos caminhos do Senhor que está próximo, não é apenas uma preparação litúrgica, para as festividades do Natal, mas algo de muito mais profundo e que fermenta de mais a mais a humanidade e que a sacode e a desafia, nos nossos dias. Portanto, mais do que nunca João Batista é um homem da hora. Se nós nos alegramos também por esta proximidade, por esta aproximação, nos alegramos pelo fato de termos o Senhor aqui, no meio de nós, nesta realização eclesial. Eis, caros irmãos, a Imagem viva da Igreja, eis a sua figura que, em todo o esplendor, em toda a sua autenticidade, se realiza no momento presente. Que vemos nós? A chegada de um bispo, no meio do seu povo, junto ao seu presbitério, para celebrar a Eucaristia. Nós, que temos a Fé, sabemos, caríssimos irmãos, que ela está toda na fração do pão. É este pão que para nós realiza a união do Céu à Terra. É este pão que faz a passagem deste mundo para Deus, a nossa conversão, o nosso estabelecimento no Senhor Jesus. Portanto, temos aqui em Goiás, no momento presente, a realização querida por Jesus de sua Igreja, que tinha de se disseminar através do mundo e dar testemunho d'Ele na Samaria, na Judéia, até os confins da Terra. E esta história que nós vivemos no momento da chegada de um bispo nos liga à história, à grande história da Mãe Igreja. Por pouco que nós saibamos de história da Igreja, sabemos que ela se prende à história dos seus bispos, não só à história de Goiás, e desta Diocese, com os seus quatorze bispos, mas à história de toda a Igreja de Deus na Terra, ela é polarizada pela pessoa do bispo. História de grandeza, história de fraqueza, história de covardias, história de generosidade e de heroísmo. Mas a história da Igreja, a que nos liga a Santo Agostinho, a Santo Ambrósio, aos diversos pais da Igreja, dos bispos dos primeiros tempos, isto é, os apóstolos, é justamente o momento que nós vivemos atualmente. É essa presença visível de Cristo, através dos sacramentos da Igreja. Porque a Igreja, meus senhores, é propriamente "o sacramento de Cristo na Terra". A Igreja é feita para testemunhar Cristo, é feita para tornar visível a sua misericórdia. A Igreja que é constituída pelo bispo, pelo presbitério e se difunde em todos os fiéis. A Igreja é sacramento e é também recepção desse sacramento. É dom da graça e é participação dessa graça. Dom, pelo sacramento da ordem, e participação, pelo sacramento do batismo e da crisma. Eis aqui a Igreja, e vendo-a, amando-a, tocamos o próprio Cristo, o percebemos e o amamos. Isso traz uma alegria imensa, uma extrema consolação.

Meus irmãos, todos nós sentimos essa proximidade do Senhor, hoje, talvez mais do que ontem, de um modo bastante palpável, porque esta Igreja passou por uma fase de rejuvenescimento, de renovação. Essa Igreja se apresenta diante de nós jovem e bela como nos seus primeiros tempos. A Igreja que nós conhecíamos como una, santa, católica e apostólica tem hoje essas mesmas notas, essas mesmas características, porém renovadas. A sua unidade abraça todos aqueles que têm fé, todos aqueles que têm amor. E também aqueles que se aproximam e caminham para algum bem. A Igreja procura, de mais a mais, abraçá-los. Unidade que não significa mais uniformidade. Unidade que não significa mais rigidez, mas elasticidade segundo o coração do homem, e segundo as suas diversas manifestações, segundo as suas diversas expressões de folclore e de vivência, contanto que eles se reúnam, num só e único amor, numa única e verdadeira fé e na esperança que nos liga a Cristo Jesus.

Santa, meus irmãos, a Igreja aparece Santa, não a santidade unicamente de virtudes, não a santidade de observância dos preceitos, não a santidade de acomodação a uma lei, de desobriga em face da lei, mas uma santidade que é amor, uma santidade que é plenitude, uma santidade que não tem medida, e que não atende às aparências, não atende àquilo que exteriormente se apresenta talvez como muito perfeito, como muito legal, como muito de acordo com a tradição, mas talvez interiormente falte esta chama, a chama da caridade, a chama do amor, do amor que é o próprio Deus, que foi difundido em nossos corações pelo Espírito Santo que nos foi dado. Mais do que nunca, a Igreja aparece aos olhos dos homens como o foco, como o lar do amor, como a morada onde se encontra a verdadeira amizade, desde o sorriso do papa João, abrindo o Concílio Ecumênico Vaticano II, e de agora para diante, caminhando no meio do mundo, não mais como um elemento de terror, de julgamento, de separação, de divisão, de partido, de panelinha, mas com uma abertura para o amor de Deus, sem medidas, no qual nós devemos cada vez mais nos perder, nos entregar, nos dar plenamente, porque assim Ele se revelou, e é essa marca que Ele quis que brilhasse em todos nós. "Nisto sabereis que sois meus discípulos, se vos amardes uns aos outros."

Mais do que nunca essa santidade brilha como uma exigência interior de responsabilidade, de coisa íntima, profunda em nosso ser, embora nossas aparências não sejam tão interessantes. Deus olha justamente isso, e ele se alegra com essa santidade que cresce na Igreja Católica — antigamente católica era um termo de separação. Hoje, a

palavra católica, para a Igreja, de acordo com o Concílio, quer dizer Ecumênica, universal.
Não podemos mais circunscrever a Igreja a um grupo. Ela quebrou todas as barreiras. Ela atinge, vive pelo mundo inteiro. Não temos mais uma Igreja etiquetada. Temos a Igreja que se abre universalmente, a todos os povos, a todas as denominações, a todas as crenças. Igreja católica, quer dizer, Igreja capaz de acolher a universalidade, aquela que se pode dizer ecumênica. Ela é essa imensa casa onde sempre há lugar para mais um, desde que sua busca seja no sentido do amor, no sentido do Senhor, mesmo que Ele seja chamado por outro nome, mesmo que lhe sejam dados nomes estranhos ao nosso vocabulário litúrgico. A Igreja, portanto, se abre a todos.
Apostólica, meus irmãos, não é só porque vem dos apóstolos. O Concílio nos revelou, pelo Espírito Santo, que a Igreja é apostólica porque ela é encarnada, não Igreja alienada, não uma Igreja que procede da Europa, ou de outros países adiantados, e procura nos civilizar e nos europeizar, se assim posso dizer. Mas, uma Igreja que, deixando tudo, procura se enraizar no meio do seu povo e se fazer fraca com os fracos, pobre com os pobres, pecadora com os pecadores, conforme o Cristo, segundo a palavra de São Paulo, que se fez até pecado, por carregar sobre si aquilo que deveria pesar sobre todos nós. Enraizada, encarnada, é a Igreja presente, porque a sua encarnação se faz no tempo e se faz no espaço. Faz-se no tempo presente. Igreja de agora. Não podemos falar de Igreja saudosista, por mais que isso agrade ao coração. Seria uma traição à sua apostolicidade se ela estivesse de costas para o presente, contemplando o passado, porque a Igreja sabe que esse presente é frutificação do passado. É sobretudo frutificação da onipresença de Deus. É Igreja que encara a hora atual, que sabe ter olhos para os nossos problemas.
Meus Irmãos, a Igreja tornou-se cada vez mais de hoje e de todos. Tornou-se fermento de todas as horas, de to-

das as camadas sociais. E a Igreja sabe que o cristianismo está perdendo terreno, que outrora ele representava a metade da humanidade, hoje um terço, e que no ano 2000 será certamente um quarto. A Igreja sabe que o problema do presente é o problema da fome. Ela vê o escândalo de dois blocos em que o mundo se divide. Ela percebe como a juventude, isto é, a parte mais esperançosa do povo, quer viver plenamente a vida, mas talvez vida carnal. Igreja que optou pelo desenvolvimento. Igreja que optou sobretudo pela fé. Isso é que acho formidável, meus irmãos. Que a Igreja opte assim, de uma maneira solene, pela fé. Muitos gostariam que ela optasse pela religião. Ela diz não! Pela fé! Pela fé! De nada adiantariam o nosso culto, as nossas cerimônias, as nossas litanias, as nossas celebrações tradicionais, se não fossem motivados por aquela sementinha capaz de arrebentar o chão e se tornar uma árvore frondosa — a semente da nossa fé. O que nos liberta é a fé. É essa a palavra da Igreja na hora atual.

Nós vemos que a Igreja caminha com olhos de vidente — a vidente do Senhor — e, verdadeiramente, com olhos de João Batista. Eis por que nós nos alegramos. Nós revivemos o momento presente, embora quem aqui esteja seja o menor de todos e o mais indigno de todos, digo isso sem literatura, nós nos ligamos à grande história da Igreja, dos grandes pontífices, dos grandes homens, daqueles que conduziram o seu povo, pastores e rebanho, caminheiros do Senhor, aqueles que não recusaram a vida nem temeram a morte.

E, meus irmãos, particularizando mais ainda a nossa alegria, eu tenho a satisfação de receber agora das mãos desse grande amigo e solícito pastor, Dom Antônio Ribeiro, o *munus* desta diocese. Dizendo isso, o faço com toda a alegria, com toda a satisfação que tenho em receber das mãos dele, e com toda a admiração pelo trabalho que ele realizou durante esse período de um ano, sabendo que não era para ele, sabendo que era para um outro, e assim fazendo ele realizou uma obra que se inscreve no Evangelho: "um é o que planta, outro é o que colhe". E ele foi o plantador. Agradeço sensibilizado e comovido toda essa manifestação de júbilo.

Na realidade, a entrada de um bispo podia se traduzir em alguns gestos, até em uma simples formalidade, como a leitura das cartas apostólicas e a conferência dessas cartas. No entanto, o coração generoso do meu povo quis que isso fosse um marco nos nossos dias e na nossa peregrinação. Então, a todos vós, autoridades episcopais, sacerdotais, autoridades civis e militares e a todos aqueles que colaboraram com as suas próprias mãos desde o trabalho mais humilde, mais pequenino, mais imperceptível que compõe essa grande festa de hoje até o trabalho de maior responsabilidade de conduzir esse acontecimento, o meu muito obrigado.

E esse muito obrigado é, em primeiro lugar, a Deus nosso Senhor. Ele vai se realizar em torno da mesa, na Ceia do Senhor, na Eucaristia, que significa em bom português MUITO OBRIGADO, AÇÃO DE GRAÇAS, AGRADECIMENTO. Então, meus irmãos, unamo-nos todos nesse agradecimento ao Senhor Jesus. Nós que nos reunimos aqui, no símbolo do pão, no vinho, e no esforço de nossas vidas, oferecemos a Deus, com alma pura, com espírito sem dobra, esse fruto do nosso coração, da nossa esperança, para que Ele o transforme no Filho Deus e, como Dom de Deus, nos seja devolvido como a salvação nossa. E ele fazendo assim a Igreja realiza o seu *munus*, a Igreja que é a casa da salvação. É o povo de Deus em busca da salvação, salvação que nos vem pelo Cristo Jesus, Nosso Senhor. Que esta assembléia, meus irmãos, seja a pioneira, a primeira de um conjunto de reuniões. O bispo o primeiro a procurar os padres sem esperar ser por eles procurado. Os padres os primeiros a procurar os leigos para a grande tarefa do reino de Deus. Que esta assembléia continue, que os meus trabalhos prossigam no mesmo espírito, no mesmo tom, na mesma inteireza, sob as bênçãos de Deus, sob as bênçãos de nossa mãe Maria Santíssima e do anjo desta cidade, a Senhora Santana.

GOIÁS, GO, 17 DE DEZEMBRO DE 1967

MARCELO: *Bem pessoal, no primeiro bloco da nossa conversa com Dom Tomás, nós tivemos o seu testemunho sobre a infância, a herança que ele recebeu da família, as raízes da sua vocação religiosa, sacerdotal, profética. No segundo bloco, conversamos sobre como foi a história dele como Dominicano, a inserção na ordem, as opções que fez, o bonito caminho que percorreu. Agora passaremos a ouvir de Dom Tomás o testemunho de bispo, e não de um bispo qualquer, mas de um bispo da Igreja dos pobres, de um bispo dos índios, dos povos indígenas, do Brasil e, pode-se dizer, do mundo. Vamos começar essa conversa com a pergunta do Ivo.*

IVO: *Pois é, Dom Tomás, retomando um pouco tempos anteriores vividos por você, mas que continuam muito presentes, nós gostaríamos que nos falasse da realidade e das diferenças percebidas na sua mudança de Conceição do Araguaia para Goiás. Ao ser nomeado bispo, nós vivíamos, no Brasil e até na Igreja, especialmente no aspecto político e social, tempos bastante difíceis. O que você tem a nos dizer das lembranças e da compreensão desse tempo em que você chegou à Igreja de Goiás?*

DOM TOMÁS: Bom, eu fui para Goiás a pedido do próprio povo de Goiás, que queria um bispo goiano. Já tinham tido um bispo goiano, na pessoa de Dom Abel, e queriam repetir a dose. E o núncio, atento a essa reivindicação, foi me achar em Conceição do Araguaia. Quer dizer, eu até brinco que talvez o pessoal tenha se arrependido (*risos*) de pedir um bispo goiano, porque poderia não ser goiano e ser mais de acordo com o jeito que eles esperavam de um bispo.

O meu início em Goiás coincide com o tempo da ditadura, e caminhou muito tempo: foi desde 1967, você imagina! A luta contra a ditadura teria sido muito desigual, ou então teria fracassado, se não houvesse dentro da própria Igreja, dentro do próprio episcopado, um grupo de bispos que decidiram se unir. Eu acho que foi a minha salvação: para enfrentar essa situação, um grupo informal de bispos. Vou logo citando: Dom Hélder, Dom Paulo Evaristo, Dom Pedro Casaldáliga, Dom Fernando Gomes dos Santos, Dom Zé Maria Pires e vários outros bispos do Nordeste... Queríamos ajudar a conferência episcopal, que não ia muito bem nesse relacionamento; quer dizer, ia bem no sentido de estar bastante entrosada com o poder: se falava daquela ceia dos cardeais com o presidente da República, presidente-general, de maneira que isso nos assustava muito. A Igreja chegou a fazer declaração a favor do golpe militar, dizendo que nos poupou o sangue e livrou o país de embarcar no sistema comunista; quer dizer, nos livrou do comunismo. De maneira que, unidos assim em grupo, nós pudemos, com mais eficácia, enfrentar aquela situação difícil.

Eu tive também outra *salvação*, outro grupo, e eu acho que você, Ivo, está bem consciente disso: ajudou muito, na Diocese, o fato de que um grupo de padres e religiosas muito engajados foi para Goiás, justamente porque queriam fazer essa experiência de Igreja numa situação de conflito e de risco.

Marcelo: *Então, essa situação de conflito, de tensão, no país, na Igreja, você viveu, chegando em Goiás, de uma maneira muito forte, porque você encontrou a Diocese de Goiás com seus agentes de pastoral, seus padres etc. formados de outro jeito. De repente, veio o Concílio, veio Medellín, exigindo, propondo um novo caminho. Como fruto de que processos você conseguiu viver junto com os agentes de pastoral essa nova opção da Igreja de Goiás pelos marginalizados da cidade e do campo? Qual foi o motivo, por exemplo, que levou você a constituir na Diocese uma equipe de assessoria que foi tão importante? Qual a importância desses caminhos?*

Dom Tomás: Bom, havia, certamente, uma busca por parte de vários agentes, padres, religiosas, até leigos, na linha da Diocese de Goiás. Talvez por algum posicionamento meu, como bispo, o pessoal foi se aproximando. E ali entrou o que na Diocese? Uma contradição interna. Quer dizer, um grupo em torno do bispo e os demais agentes de pastoral que, junto com elementos da própria comunidade, puxavam noutra linha. Isso foi muito forte, foi tão forte que, à medida que a assembléia diocesana ia definindo caminhos novos, numa linha eclesial mais de participação e também de opção pelos pobres, esse grupo que não aceitava, ou então não foi, como você disse, formado numa linha assim libertadora, foi se retirando. Não sem causar sofrimento, dano, falta de companheiros para realizar o trabalho. Então, houve ruptura interna, mas foi do próprio corpo; não foi o bispo de um lado e o clero de outro, foi um processo interno que foi gerando esta separação e talvez acelerando, com os que ficavam e estavam à frente de um caminho novo, essa mesma caminhada e o aprofundamento das opções.

IVO: *A assembléia que marca, digamos, a opção pelos marginalizados, em 1972, já conta com uma presença significativa de representantes das comunidades, de novas comunidades que estão surgindo, como fruto da etapa que sucedeu ao esforço de reorganização. Esse passo novo está ligado também a essa equipe que foi chamada a pedido da própria assembléia para desenvolver um processo de reeducação, também para lideranças, no sentido do social, para enfrentar os problemas da vida do povo?*

DOM TOMÁS: Antes disso já tinha havido, desde a primeira assembléia, que foi em 1968 — em dezembro de 1967 foi a minha chegada, e em junho de 1968 já tinha havido a primeira assembléia, que nem foi na Cidade de Goiás, porque não tínhamos infra-estrutura, foi em Ceres, no colégio das irmãs franciscanas —, maioria de não-agentes participando de uma assembléia em que todos tinham o mesmo voto e [a mesma] voz, e isso foi um primeiro passo. O segundo passo foi dado justamente com esse pessoal, que inicialmente não estava contra os padres. A gente dava um certo peso à decisão dos padres para não criar, desde o início, uma tensão e um impasse. Então, exatamente a partir desse grupo, houve um reforço dos lavradores que já começavam a se organizar em sindicatos, buscando uma organização própria deles, e que já se aglutinavam em torno de uma proposta nova; isso criou bastante força para o processo, uma vez que foram se incorporando às próprias bases da Diocese. Quer dizer, essa equipe de assessoria, que era um trabalho novo, que era esse sangue novo trazido pela Diocese, trabalhou muito a periferia, trabalhou muito o pessoal que vivia fora daquele miolo do núcleo das cidades, que era a classe dominante, indo aonde estavam os lavradores, aonde estava o pessoal mais marginalizado, mais pobre. Isso incorporou no processo um grupo importante de gente engajada na pastoral.

IVO: *A gente costumava ouvir muito, naquele tempo, nas nossas reflexões, que a renovação da Igreja estava sendo feita por Deus através da presença dos mais pobres, inclusive nos momentos de decisão. Recordando essa experiência, você acha que foi importante, ou acha que deveria ter seguido caminhos diferentes?*

DOM TOMÁS: Isso foi fundamental, Ivo, porque a gente dava um voto de confiança a um grupo que tinha fé, tinha propostas, mas que nem sempre coincidiam com aquelas normas, aquela estrutura eclesiástica: entrar numa aventura de Igreja, a partir dessa contribuição de uma assembléia em que todos têm voz e voto — o mesmo voto que eu tinha, tinha um lavrador ou então uma doméstica ou uma lavadeira. E jamais eu me senti, assim, acuado por esse grupo. Eu até acho que o fato de confiar fazia com que você descobrisse o Espírito de Deus que fala por esse pessoal. Eu estava absolutamente convencido de que nunca haveria uma decisão, assim, temerária ou reformável que o bispo, usando o seu poder, devesse vetar. Jamais, nunca passou pela minha cabeça. Pelo contrário. Pelo que a gente via da maneira de fazer do próprio pessoal das bases, a assembléia diocesana caminhou sempre com a maior sabedoria e o maior acerto em termos de passos a serem dados na Igreja.

REVI: *Dom Tomás, qual a relação dessa prática com o evangelho de Jesus Cristo? E qual a relação com a educação do povo para a prática da liberdade, segundo sugere Paulo Freire?*

DOM TOMÁS: Primeiro o pessoal foi descobrindo a Palavra de Jesus na pedagogia daqueles assessores, através das parábolas. O instrumento de descoberta e de iluminação da caminhada foi muito na linha das parábolas do evangelho; mais popular e mais rica, incorporando toda a contribuição delas, porque a parábola tem esta especialidade de não ser algo fechado, algo definido, mas de abrir caminhos, abrir mil caminhos, e é aí onde o povo entrava. E isso ia exatamente na linha de um educar-se cada vez mais, num processo, primeiramente um processo participativo, depois um processo que incorpora aquilo que é propriamente do povo, aquela sabedoria das comunidades, aquilo que o pessoal vivia. Então, aquilo se tornou como que uma força para definir o que fazer e como se organizar. Eu acho que o movimento que foi se criando dos trabalhadores e trabalhadoras, do pessoal ligado à terra, foi um movimento profundamente educacional: o pessoal começou a ter sede de conhecimento, eles mesmos pediam assessores, e a gente tinha que trazer assessor de São Paulo para responder às indagações daquele grupo que se reunia lá na minha casa. E aí é que entra de cheio uma nova pedagogia, uma nova metodologia, um processo de educação popular que estava na base da caminhada desse pessoal. Então, eu não me sentia como o entendido, que tinha muita clareza do que devia fazer ou acontecer; eu me sentia, eu mesmo, dentro de um processo em que o ator principal, o sujeito principal era justamente esse povo novo.

MARCELO: *Tomás, a gente sabe que a Diocese de Goiás, nesse ponto, foi pioneira. Mas ela fez isso, como você disse, apoiada em várias Igrejas locais, bispo e comunidade, que andavam nesse caminho. O primeiro encontro intereclesial de CEBs, em 1975, em Vitória, contava com essa experiência, relacionada com as de Crateús, de Recife, de Vitória, em várias dioceses, São Félix do Araguaia, e que foi profundamente marcante na Igreja do Brasil. A pergunta seria a seguinte: hoje muita gente diz que perdemos muito dessa vitalidade, desse modelo de Igreja que nasce do povo pela força do Espírito Santo. Viajando pelo Brasil inteiro, você tem essa sensação? Como é que você vê isso? O que é que se perdeu, e a gente lamenta, ou você lamenta ter perdido, e o que é que você percebe que são coisas positivas e que continuam sempre?*

DOM TOMÁS: Você citou uma coisa que eu não podia, sem injustiça, deixar de lembrar aqui nesta conversa. Essa constelação existente no Brasil e fora do Brasil, na mesma linha... Quer dizer,

Crateús, São Félix, Vitória, cada uma em torno de um determinado bispo e levando exatamente à mesma experiência. E isso tinha o seu momento de articulação, o seu momento de encontro, e um desses era o encontro de CEBs, que estavam nascendo e trouxeram essa oportunidade de irmãos se confirmarem na caminhada de fé, uma caminhada de esperança.

Agora, você falar da situação de hoje, a mudança acontecida na Igreja, precisamos ver que é complexa: é variada, no sentido de um retrocesso, mas aconteceu diretamente, em grande parte, nessas cabeças que são os bispos, não é? E você não encontra mais essa mesma constelação que você encontrava, nem pessoal que esteja esperando um momento de encontro de CEBs para poder se encontrar e se fortalecer, da mesma forma que nós tínhamos naquele tempo, que eram verdadeiros pentecostes, pequenos pentecostes em nossa caminhada: encontros iluminadores e também fortalecedores de um caminho. Agora, hoje existe uma força, uma força bem presente, que são as organizações populares, realidade que não havia tanto naquele tempo...

IVO: *E que ajudamos a criar.*

DOM TOMÁS: Que ajudamos a criar. As Comunidades Eclesiais de Base produziram isso.

MARCELO: *É isso mesmo.*

DOM TOMÁS: E que é a grande realidade, não só no Brasil, na América Latina: os povos indígenas, organizações camponesas, organizações negras, organizações de mulheres, dos catadores de papel... Interessante: esta é a força atual, é onde nós nos alegramos e de onde nós tiramos a nossa esperança. E acho que é uma coisa que não depende de uma autoridade maior para ser mudada.

MARCELO: *Parece que a profecia, hoje, não está mais diretamente na Igreja, ou na hierarquia, e sim no meio do povo mesmo, e inclusive fora dos cristãos.*

DOM TOMÁS: Fora dos cristãos. Porque nesse momento, no momento em que a organização popular nasce, em que aqueles grupos de lavradores ou de mulheres se organizam em vista de um objetivo, vamos dizer, conseguir algum meio de vida, ou a terra, ou então a escola, ou a ponte, ou a estrada, o que for, já nasce com autonomia em relação à base anterior, não com ruptura. Não foi difícil, depois, convencer esse pessoal a não deixar aquela base de encontro de oração, que era a Comunidade Eclesial de Base, que não era contra aquilo que estava lá, mas fonte de apoio etc. Mas hoje, então, nessa autonomia, que depois documentos da Igreja passaram a apoiar...

MARCELO: *Autonomia das Igrejas locais ou dos movimentos populares?*

DOM TOMÁS: Dos movimentos, das organizações populares. Essa autonomia, que vários documentos da Igreja apóiam como sendo importante, ajuda para que, a partir daí, as iniciativas entrem em ligação com outros grupos que têm a mesma opção, não a partir da fé, mas a partir de uma visão do homem e da mulher, de uma aceitação dos valores éticos, de valores de luta e libertação, que não são um patrimônio só nosso, ou de um poder hegemônico que detém isso. Isso é Reino de Deus. Essas sementes estão esparramadas em todos os cantos do mundo.

IVO: *Muito bonito tudo isso, Dom Tomás. Nós vamos aprofundar mais isso num outro momento, em que estaremos pensando sobre as possibilidades da presença da Igreja, do cristianismo, no mundo de hoje, e olhando para o futuro, para amanhã. Mas agora eu queria puxar de novo, digamos, pela memória da experiência. Eu lembro, pois fiz parte, e para mim foi um dom, uma alegria, ter podido participar da equipe de animação desse processo que você definiu como um alargamento daquele público que só ficava mais ou menos dentro do tradicional, digamos, das Igrejas, buscando o povo da roça e da periferia. Mas, ao mesmo tempo, lembro que nos reuníamos toda segunda-feira — porque eu não morava junto com os outros, morava em outro município —, e aí, às vezes, as pessoas diziam que nos reuníamos porque queríamos exercer o poder dentro da Diocese. Eu queria que você, junto comigo, lembrasse como aquelas reuniões eram motivo de alegria para nós, mas eram, ao mesmo tempo, encontros de muita angústia, porque vivíamos um tempo de muita procura: não tínhamos certeza, não tínhamos claras as coisas; tínhamos, digamos, um objetivo, uma vontade, um desejo de ser fiéis ao evangelho de Jesus, mas estávamos buscando. Então, eu não sei se você queria fazer algum comentário sobre aquelas reuniões em que nós trazíamos, inclusive, companheiros, amigos, como por exemplo frei Mateus Rocha, que veio diversas vezes, sociólogos de Goiânia... Trazíamos essas pessoas para buscar luz, para acertar os passos do trabalho, e isso num clima de grandes conflitos. É isso mesmo ou foi só um sentimento meu? Como é que você viveu isso como bispo?*

DOM TOMÁS: Sim, a gente vivia essa intuição, vivia essa busca, como você disse. Mas como se tratava de um processo que era novo, totalmente novo, não só dentro da realidade eclesial mas dentro da realidade sociopolítica e econômica, tudo era novo, nós precisávamos nos encontrar para pôr em comum, e você vê, não era só a busca de um encaminhamento, era também ato de defesa. Houve um tempo em que nós tínhamos uma cartilha de como rapidamente a gente devia agir diante de tal ou tal repressão. E nós só podíamos saber disso em reuniões... Mas a sua fala me leva a lembrar da necessidade que se sentia de algum instrumento mais científico e mais sistemático de apoio à caminhada. Basta lembrar as pesquisas que foram feitas, um conjunto de pesquisas.

MARCELO: *Eu, que cheguei na diocese de Goiás nessa época e vi esse quadro, a impressão que eu tenho hoje, olhando a distância, é que aquela equipe, você e aquele grupo, de certa maneira, sofreram uma espécie de martírio, não morrendo, não dando a vida no sangue, mas um martírio de testemunho para gerar o que foi feito depois na década de 1980: todos os grupos bíblicos, as comunidades, ressuscitar os movimentos populares que surgiram de dentro da Diocese de Goiás. Quando pude ver, na década de 1990, que Goiás foi um dos municípios do Brasil que mais teve acampamentos e assentamentos de sem-terra, coroando o seu ministério, eu acho que foi como que um desabrochar, uma culminância de um processo muito lento, mas muito profundo, que foi plantado, semeado e gestado ali naquele momento.*

DOM TOMÁS: E acho que, completando isso, surgiu toda uma pedagogia educacional. As experiências que foram feitas nas bases com professores, por exemplo a do Lar São José, que depois caminhou na linha da escolarização, de uma assessoria às diversas escolas, que hoje produz seu fruto em Santa Fé, devem muito a homens e mulheres como a Chiquita, o Dario, que tendo essa formação pedagógica na linha de Paulo Freire, na linha da melhor pedagogia, começavam então a fazer esse trabalho junto com as comunidades. Fazendo com que as comunidades pudessem desabrochar o seu saber, a sua sabedoria, a partir de critérios científicos.

MARCELO: *E é interessante como essa Igreja de Goiás que fez isso, o fez de uma forma, vamos dizer assim, por exemplo, integrando padres casados, casais que vinham de experiências de outras comunidades e que foram marcantes nesse processo. Acho que é questão de justiça a gente salientar isso, você não acha?*

DOM TOMÁS: Eu acho. Quer dizer, era a valorização da vocação e da missão, independentemente da pertença estrutural à própria Igreja. Homens que, numa situação comum de Igreja, estariam fora, por terem optado pelo casamento. Ali tinha primazia, vamos dizer, a evangelização sobre a sacramentalização, de um modo geral. Havia primazia, então, do engajamento pessoal e da capacidade de ajuda às comunidades sobre qualquer outra pertença institucional à Igreja. Era nesse sentido...

MARCELO: *Mas eu acho que, para ser mais completo, havia a primazia também de uma humanidade do bispo e da Diocese que hoje falta, às vezes, na Igreja católica.*

IVO: *E uma humanidade que, acho, se sobrepunha, às vezes, ao institucional, e eu não sei se Dom Tomás viveu isso com alguma angústia. Num outro momento, isso significou até uma denúncia da sua atuação no Vaticano, um processo repressivo do Vaticano em relação à Diocese. Você, olhando hoje para lá, se arrepende de, digamos assim, ter dado essa primazia ao humano, ao serviço às pessoas, e ter feito isso em detrimento, segundo a visão de outros, da dimensão mais institucional, das normas...*

DOM TOMÁS: Não. Eu acho que não só da minha parte, não só eu pessoalmente, mas já é uma aquisição na Igreja a valorização de homens casados, padres que se casaram, que podem dar uma contribuição no ministério e que, no entanto, estão relegados. Hoje não é só o caso de uma ou outra Diocese, já é um sentimento muito mais difundido. Agora, o que eu queria salientar nisso que você menciona é que na nossa busca, na nossa caminhada, assim, de Igreja, a contribuição dada por sacerdotes que seriam vistos, digamos, como fora da instituição, ou das normas institucionais, abriu os olhos de muita gente dentro da Igreja no sentido de repensar esse mesmo problema. Eu acredito que essa nossa experiência de Goiás fortaleceu outras tentativas em outros lugares, de maneira a criar, hoje, um ponto de vista, assim, aceito.

Mas, voltando àquela parte da repressão, aconteceu de fato uma visita apostólica à Diocese de Goiás, ao mesmo tempo que à diocese de Dom Pedro, a Prelazia de São Félix do Araguaia, determinada pelo Vaticano depois de uma denúncia do bispo Dom Sigaud, segundo a qual tanto Dom Tomás como Dom Pedro seriam bispos comunistas, ligados ao comunismo. Mas é interessante que esta visita não tinha, na realidade, a ver com isso, porque eles não são, assim, tão primários para acreditar, lá em Roma, numa denúncia desse tipo (*risos*). Podem ter outros erros, mas acreditar... O motivo, para a Diocese de Goiás, foi o apoio que eu dei ao clero de Viana, no Maranhão, em dificuldade na morte e na substituição de Dom Hélio Campos, quando o novo bispo agiu com eles de uma forma totalmente desrespeitosa, não respeitando o clero, não respeitando nem o bispo que estava morrendo — já se tinha sucessor antes de morrer, naquele tempo! Então, tomei posição, tomei posição clara, não eu sozinho, mas com outros também, questionando o prefeito da Congregação para os Bispos, que tinha sido núncio aqui no Brasil, e ele, em resposta precisa a isso, falou: "Quem sabe, Dom Tomás, uma visita 'por' um bispo, do qual o senhor seja amigo, à sua diocese, nessa hora". Ele respondera a minha carta desse modo... (*risos*) Para você ver como vêm as coisas. Dom Pedro teve outros motivos, e muito mais fortes, na linha do que vocês acabam de falar, menos esse de ser comunista, ou de favorecer o comunismo.

IVO: *Pois é, Dom Tomás, eu queria que você destacasse uma outra experiência que é muito forte, acho, na sua caminhada. A sua relação, a sua atenção, acho que a palavra melhor é a sua atenção carinhosa às pessoas que sofreram perseguição, foram presas e, inclusive, condenadas pela Ditadura, seus irmãos dominicanos e muitos outros da Igreja ou até nem pertencentes à Igreja. Minha pergunta é: valeu a pena isso? Além das pessoas, que se sentiram apoiadas, você também aprendeu nessa convivência com as pessoas perseguidas? Foi uma prática que o ajudou a crescer como bispo também?*

DOM TOMÁS: Sim, eu acho que esse é um dos títulos de glória da Diocese de Goiás, não só do bispo, mas de todos, porque nós fazíamos declarações conjuntas. Em primeiro lugar, a defesa a Dom Pedro Casaldáliga: ele sofreu sete processos de expulsão sumária, encaminhados pelo Exército contra ele, e acho que nós conseguimos derrubar os sete. (*risos*) E tínhamos, curiosamente, como aliado o *Estadão*, o *Estado de S. Paulo*, o jornal, porque estava sob censura e para eles era uma forma de picuinha contra o governo publicar as nossas declarações, as nossas denúncias com relação a toda notícia que percebíamos de processo de expulsão contra Dom Pedro. Aquilo tinha uma repercussão nacional e internacional imediatamente. E as pressões vinham em cima do governo. Agora, há outra coisa que a gente acha importante: a participação na defesa do padre Francisco Jentel. Eu estava em Santa Terezinha, junto de Dom Pedro e dos outros agentes de pastoral, estávamos numa reunião. Quando eu desci do avião com o padre Jentel, aí veio o policial para prendê-lo. E Dom Pedro, miudinho, magrinho, daquele tamanho, enfrentou o policial da PM de Mato Grosso, e ele não conseguiu levar o padre Francisco.

Aconteceu toda uma história, mas eu acho que a gente se envolveu nessa solidariedade. Depois, o fato de ter o avião, a gente deu fuga — sabe, o avião não faz rastro, entra a pessoa ali e você vai numa direção, vira noutra, ninguém sabe para onde você vai, não é! — a algumas pessoas perseguidas pela ditadura militar. Posso citar: Dagmar, Francisco Romeiro, um que era agente de pastoral que estava trabalhando na Prelazia de Dom Pedro, e a polícia andava atrás dele, e outros. A gente fez esse pequeno serviço, até muito concreto, de despistar, e graças a isso eles puderam se livrar.

A gente ajudou, mas aprendeu muito também com os presos políticos, especialmente com os dominicanos, Betto e os seus companheiros. Porque era uma opção muito forte da parte deles e aquilo nos envolvia a todos. Não só eu e Dom Pedro, que estávamos envolvidos nisso, o próprio Dom Alano du Noday acompanhou muito de perto os presos de Presidente Prudente.

MARCELO: *Você se envolveu a um ponto tal que também sofreu perseguições. Você mesmo sofreu ameaças, calúnias, além dessa que você citava do próprio Vaticano, dessa visita extraordinária pontifícia, canônica... Que momentos mais difíceis, de mais pressões, você enfrentou?*

DOM TOMÁS: Olha, quando havia todas essas pressões, nas comunidades, nos grupos de base, que eram chamados Grupos de Evangelho — foi o nome que nós demos, na Diocese, às comunidades eclesiais de base; todos os documentos falam mais disso com esse nome, mas eram, na realidade, comunidades eclesiais de base, mas com muito mais mobilidade, que hoje estavam aqui reunidas, amanhã você não via ninguém — quando o pessoal sabia de alguma notícia, então procurava outro esquema, pois era um pessoal muito realista e muito hábil em achar soluções para se defender e continuar trabalhando; havia a política que chamavam "do tatu", que furava o chão na Diocese de Goiás e ia sair noutra Diocese em que talvez o bispo não era tão...

MARCELO: (*entre risos*) *Procurado...*

DOM TOMÁS: Emergia daquele chão e começava a atuar, e dali a pouco ia adiante. Mas, em relação à minha pessoa, eu fui informado que tinha até profissionais como, por exemplo, um dentista, que abria a boca do cliente não só para mexer nos dentes, mas para ouvir o que ele tinha a dizer a meu respeito. (*risos*) Pago pelo sistema: o Exército havia instalado esse dentista! Como a gente também recebia visitas de pessoas do Exército, passou lá um grupo de três pedindo informação sobre como ir à Prelazia de São Félix; eles estavam indo para lá. Logo de cara eu vi que eram oficiais do Exército: a maneira de cortar o cabelo, a maneira de se portar e tal... Eu falei: olhem, meus amigos, nesse tempo, no tempo em que nós estamos vivendo, a gente não pode tranqüilamente dar uma informação sem algum risco, e a vocês, possivelmente como agentes do Exército, como é que eu vou dar informação para ir à casa do meu amigo? Vocês procurem pelos seus próprios conhecimentos ir até lá! E eles saíram. (*risos*)

Mas havia, eu fui informado, cerca de trinta agentes oficiais acompanhando o bispo nos seus diversos passos para poder..., e, bom, eu acho que a coisa culminou naquele momento, de que fiquei sabendo depois, em que se armou uma espécie de cilada contra mim, numa das cidades da Diocese, no momento em que ia fazer o encerramento da festa da padroeira. Eu fiquei sabendo depois porque um jornalista me telefonou de Brasília, perguntando onde é que eu estava naquele dia; fui ver e eu estava no sepultamento do padre Rodolfo, que foi assassinado na aldeia Merure (MT) pelos fazendeiros no dia em que ele começou a demarcação da terra dos índios bororo. Falei então que estava nos funerais do padre Rodolfo, e ele disse: "Mas olhe aí na sua agenda onde é que o senhor devia estar pela sua marcação". Eu devia estar numa paróquia, encerrando a festa da padroeira. "Pois é, eu estou informado de que, nesse dia, estava marcada (*risos*) a cilada para matá-lo!" E seria envolvido inclusive com mulheres, um negócio meio, assim, escabroso. Por isso eu agradeço ao padre Rodolfo!

E falam, também, no caso do padre Francisco Cavazzuti, que aquele atentado ao padre Chicão teria sido primeiro pensado em relação ao bispo, quer dizer: o tiro que foi dirigido a ele estava preparado para atingir o bispo. Talvez tenham achado complicado assassinar um bispo, então assassinaram um padre. O mesmo aconteceu com Dom Hélder, não é? O padre Henrique, que foi assassinado, mas o golpe era dirigido diretamente...

MARCELO: *Com o padre Antônio Henrique, é seguro isso, porque foi avisado, foi dito.*

DOM TOMÁS: Foi dito: era dirigido ao bispo Hélder.

MARCELO: *Um dos momentos fundamentais da sua vida, que lhe deu um novo rumo, segundo o que você já disse, foi quando deixou de ser professor dos colégios da ordem dominicana e entrou na missão diretamente, principalmente com os povos indígenas, e você já nos explicou isso, como é que foi essa vocação... Agora, um ponto importante da missão indigenista no Brasil foi a fundação do CIMI, em 1972. Numa época difícil, politicamente, em plena ditadura militar, e também durante uma situação difícil na Igreja, porque a maioria da Igreja tinha, se não tem ainda, uma visão de missão em relação aos índios de catolicizar, de proselitismo religioso. Como é que foram essas dificuldades? Como é que você viveu isso? Que lembranças mais fortes você tem da fundação do CIMI e dessa mudança de perspectiva da missão?*

DOM TOMÁS: Primeiramente, foi um processo, um processo até amplo e já instalado dentro da própria CNBB. Padre Lourenço Sanzbeck era encarregado da área missionária e começou a reunir, ali no Rio, onde estava a CNBB, missionários de diversas regiões, sobretudo da Amazônia, para discutir essa problemática indígena à luz do Concílio Vaticano II. Por outro lado, em nível latino-americano, liderada pelo bispo Leônidas Proaño, de Rio Bamba, no Equador, já havia uma postura totalmente revolucionária com relação aos povos indígenas. E na ação missionária, que a Igreja deveria fazer diante desses povos massacrados para anunciar Jesus a esses povos, já vinha emergindo um posicionamento novo no sentido da solidariedade; isto é, ser missionário é ser solidário. Os missionários deviam ser solidários e respeitar a sua cultura, respeitar a sua identidade, sua possibilidade de se organizar. Foi sob esse signo que apareceu o CIMI, fundado, inclusive, com as bênçãos da CNBB: Dom Ivo Lorscheiter, que era presidente, estava presente, e estavam presentes outros bispos, inclusive Dom Sigaud, que eu citei há pouco, estava lá, foi secretário da primeira seção de fundação do CIMI, curiosamente; quer dizer, nasceu dentro da Igreja. Agora, como um grupo de missionários, os que participavam daquele Conselho eram majoritariamente dessa linha revolucionária, nova, de colocar o índio na frente, em vez de o diretor da missão estar na frente.

Isso foi caminhando, e apareceu um instrumento novo, sugerido por Tomás Lisboa, que era um dos membros do tal Conselho — o Conselho Indigenista Missionário —, e eram conselheiros mesmo, eu era um deles desde o início: era a proposta de assembléia de chefes indígenas: eles se reunirem entre si com o nosso apoio e decidirem o que achavam que deviam decidir. E aí foi, como a gente diz, o ovo de Colombo. Eles saíam daquelas reuniões entre eles, muitas delas só de índios — nós não entrávamos, não deixávamos entrar nenhum repórter, nenhum sociólogo ou antropólogo que quisesse participar —, só eles, e saíam dali decididos a recuperar suas terras, sua cultura e a se interligar com os outros índios, porque achavam que inimigo do índio não podia ser outro índio, podia ser outra pessoa, outro grupo, mas não os índios. Aí então o CIMI começou um trabalho de visita, de giro pelas prelazias, e a gente foi vendo as injustiças por parte do Estado, os massacres, a tomada das terras, aquele mesmo processo de tomada das terras dos lavradores, e fazia denúncias: cada semana aparecia uma denúncia, apontava uma denúncia aqui e ali e havia espaço nos grandes órgãos de imprensa, talvez pelo mesmo motivo que expliquei antes: de jornais que estavam um pouco em tensão com o governo. E aí a repercussão dentro da Igreja: o CIMI estaria criando animosidade entre governo e Igreja, os três "gatos pingados" do CIMI!

O CIMI nasceu como um grupo informal, nada estruturado, nada oficial dentro da Igreja, ligado só informalmente a ela e com ampla liberdade. Foi a partir desse momento, contudo, que aumentaram as pressões e a CNBB, sobretudo pela pressão de Dom Scherer, arcebispo de Porto Alegre, procurou disciplinar o CIMI: exigiu que se fizesse um estatuto ligando mais o CIMI à Igreja. Nós achávamos que era o fim, que era a maneira de liquidar um instrumento, e a expectativa, quem sabe, de vários bispos, que não gostavam do CIMI como denúncia profética de uma situação de sofrimento, era essa mesma. Na realidade, se deu completamente diferente, porque aqueles três "gatos pingados" não representavam grande coisa, ninguém sabia bem o que era o CIMI. Depois que se ligou à CNBB, a CNBB se envolveu com ele e foi um pouco contagiada pelo espírito do CIMI; quer dizer, fortaleceu-se a causa indigenista num momento em que a CNBB, de certa maneira, se comprometeu com aquele instrumento.

Eu atribuo a isso o reforço à organização dos indígenas, e é conclusão que a gente tira lendo toda essa história dessas assembléias, das organizações indígenas nascentes, das lutas deles pelas terras: eles próprios tomando essa iniciativa, com seus meios pobres, como aconteceu em Nanoai, no Rio Grande do Sul, como começou a acontecer no Nordeste, no Maranhão, com os guajajara, recuperando devagarinho as suas terras. Hoje, então, a gente pode dizer que é um grupo organizado, com suas organizações regionais, nacionais, e também uma organização latino-americana. Isso revela que nos outros países continuou o mesmo processo. Eu acredito que na terra de monsenhor Proaño, o Equador, os índios chegaram a parar o país, os índios conseguiram então uma Constituição que fosse favorável à causa indigenista; como aqui também, a gente acha que o que tem em nossa Constituição brasileira, muito mais favorável aos índios do que aos lavradores, foi fruto da presença deles lá no Congresso, durante o congresso constituinte.

IVO: *Você veio para a Diocese de Goiás, e lá não havia índios vivos; havia memória indígena, mas não havia índios vivos. E aí você poderia, como bispo, até se desculpar e dizer: bem, por que vou ficar no CIMI, por que vou me comprometer com as iniciativas indígenas? E na verdade, dentro da Diocese, houve quem questionasse seu envolvimento tão intenso com a causa indígena, fosse participando da diretoria do CIMI, fosse colocando o avião, que você pilotava, a serviço dos índios, dedicando tempo que faltaria à Diocese. Eu quero perguntar-lhe: essa sua relação tão intensa com os índios, além dessa dimensão de solidariedade com eles, não tem também um elemento de enriquecimento para sua própria vida, para sua concepção de Igreja e de sociedade? Quer dizer, não tem uma evangelização que vem deles?*

Dom Tomás: Não é só na minha vida; na sua vida também...

Ivo: *Seguramente.*

Dom Tomás: Porque lá na diocese não era só o bispo que estava envolvido. Talvez a queixa fosse porque alguns assessores, você, Eliseu, Dario, por exemplo, acompanharam assembléias longe de Goiás, em Rio Negro, no Amazonas. Um dia, nós estávamos entrando na Prelazia de Rio Negro para fazer uma assembléia de pastoral indigenista — não era de índios não, era de pastoral indigenista! —, e eu brincando com o Ivo: "Nós aqui estamos entrando no Vaticano, em terra do Vaticano" — em terra nossa, não é? —, porque praticamente aquilo era tudo dominado pela Missão Salesiana. E então isso aí serve para responder à sua pergunta: sem dúvida a gente se beneficiou muito desse contato com a sabedoria indígena, e de modo especial nessas assembléias — que já tiveram vários comentários, e comentários muito bonitos, como por exemplo o de Eduardo Hoornaert, sobre essas assembléias de chefes indígenas: a concepção da terra, da solidariedade, da convivência e da união entre eles e mesmo com os outros, com os demais fora dos índios, expressando tão bem, por assim dizer, o Evangelho das bem-aventuranças. Tinha razão frei Gil Gomes quando dizia que ele aprendeu o Evangelho das bem-aventuranças convivendo com os povos indígenas.

Ivo: *Nesse sentido, é interessante destacar o que aconteceu na elaboração do documento* Y-Juca Pirama: O índio: aquele que deve morrer, *em 1973. Junto com Dom Tomás e Pedro Casaldáliga, e Frei Mateus, que nos acolhia na "Beira", havia três pessoas diretamente envolvidas na pastoral indigenista, os demais éramos da Diocese de Goiás, assessores. E acho que colaboramos... Eu pessoalmente, que estava lá, acho que colaborei, mas, ao mesmo tempo, me enriqueci demais naquele trabalho conjunto. Um momento importantíssimo, para mim, foi quando refletimos como seria a nossa Igreja se contasse efetivamente com os povos indígenas, com os seus valores. Lembro que celebramos uma eucaristia de envergonhados, porque estávamos distantes da fraternidade que eles testemunhavam tão profundamente na sua vida, e nós não conseguíamos porque vivíamos nas divisões que a sociedade do mercado e a sociedade política de dominação produziam...*

DOM TOMÁS: E o livro *Y-Juca Pirama* estende a pergunta ao próprio país: O que seria o Brasil se contasse com a presença, incorporando a proposta, dos diversos povos indígenas? É outra coisa...

MARCELO: *Tomás, e a CPT, a Comissão Pastoral da Terra, pois do mesmo jeito que houve uma mudança com relação à perspectiva de missão com os índios também houve com os lavradores. Até a década de 1970, era a evangelização do homem do campo, a Pastoral Rural, que a CNBB tinha e que cada Diocese tinha também. Ou a Ação dos Cristãos no meio Rural, a ACR, coisas assim... A partir de 1975, especificamente, foi fundada por aqueles bispos, por agentes de pastoral, missionários da Amazônia, a Comissão Pastoral da Terra, que se enraizou em tantos regionais no país inteiro. A mesma coisa: uma época muito difícil do ponto de vista político, do ponto de vista eclesial. Dos primeiros momentos, o que mais lhe vem ao coração? Que dificuldades maiores apareceram no âmbito tanto da sociedade como dos ambientes eclesiásticos?*

DOM TOMÁS: Bem, comparando o nascimento da CPT ao nascimento do CIMI, a gente pode dizer que ambos nasceram de uma situação de conflito: os índios, o massacre secular; os lavradores, também a marginalização. Mas eu acho que a situação dos lavradores, naquele momento, era mais dramática, porque era uma situação de guerra: havia uma guerra montada contra eles. Aquela observação do José de Souza Martins é muito esclarecedora: que o golpe militar de 64 foi dado, não exclusivamente, mas em grande parte, para quebrar a espinha dorsal de qualquer organização do campo. Porque os militares achavam que o comunismo entraria no país por esse caminho. Eu acho que isso assustou, e assustou, talvez, em primeiro lugar, porque mexia com os agentes de pastoral. Eram queixas de todos os cantos sobre repressão a padres, religiosos, religiosas... que estavam caminhando junto com esses trabalhadores — isso era o mais comum.

O Brasil daquele tempo era mais Brasil rural. E a Igreja, então, ficou assustada com essa perseguição. Mas fomos ver que, por trás dessa perseguição, havia a perseguição aos próprios trabalhadores rurais. Daí nasceu a CPT. Eu acho bonito esse nascimento, que aconteceu num momento, assim, dramático, difícil. Fez a CPT nascer numa forma samaritana, por assim dizer, de socorro ao caído. E, graças a Deus, a Igreja ficou nessa posição, que é uma posição segunda, eu considero: assim como para o índio, considerar o trabalhador como protagonista, como sujeito de sua caminhada, e nós dando o apoio solicitado, ou o que a gente achar que é necessário para que ele possa levar adiante o seu processo da terra prometida.

Eu creio que isso foi determinante no nascimento da CPT. Agora, antes desse nascimento oficial, é preciso dizer que já havia diversas tentativas, até de elaboração de um pensamento. Dom Pedro Casaldáliga contribuiu muito com a carta "A Igreja da Amazônia em conflito com a marginalização e o conflito social"; depois, o encontro da pastoral da Amazônia... Quer dizer, diversas tentativas de entender esse processo; a Igreja já vinha trabalhando nesse sentido. Até Dom Scherer, por exemplo, que já tinha a Frente Agrária Gaúcha.

IVO: *Havia frentes agrárias também em outros Estados.*

DOM TOMÁS: Também o bispo de Campanha, em Minas Gerais, Dom Inocêncio Engle, tinha alguma coisa com relação à reforma agrária. Havia uma preparação remota, que chegou àquele momento como uma tomada de posição, criando esse organismo, comprometendo e envolvendo a Igreja, sobretudo a serviço dos trabalhadores. Um serviço tipicamente pastoral, levando consigo a contribuição de fé, da leitura bíblica, aquilo que nós sabemos que até hoje persiste apesar das contradições internas na Igreja. Assim como aconteceu para o CIMI, aconteceu também para a CPT: até hoje algumas dioceses não aceitam a CPT, não aceitam qualquer organismo que colabore com a organização dos trabalhadores no campo; nós convivemos o tempo todo com esses conflitos internos.

IVO: *A gente poderia dizer que se não houvesse já o trabalho na Diocese de Goiás, em São Félix, no Acre, no Nordeste, em muitas dioceses, por um lado, e se, por outro lado, não houvesse também essa perseguição violenta aos trabalhadores do campo e até aos agentes pastorais, talvez não teríamos a CPT? Porque, na verdade, ela é um dom, eu diria, um dom histórico de Deus, feito com a nossa participação, mas quase como uma resposta a um sinal de morte que havia, mas de morte ao lado de sinais de vida, de sementes de vida. Eu queria perguntar: a existência da CPT qualifica também a experiência da Igreja de Goiás?*

DOM TOMÁS: Sim, porque a gente se sentiu forte com essa criação. Imagina: a Igreja tem um lugar na sociedade, e quando a Igreja decide, por exemplo, por uma pastoral, qualquer bispo se sente forte para levar adiante esse processo. Foi o que nos permitiu, por exemplo, entrar de cheio no apoio às organizações dos trabalhadores. Foram organizações em que eles realmente inovaram ali dentro da nossa casa, uma autonomia deles de buscar caminhos, uma história que ainda precisa ser contada, de tão rica que é. Uma vez estava lá — porque era na minha casa que se reuniam, era a única infra-estrutura adequada...

MARCELO: *e segura...*

DOM TOMÁS: ... e segura: aquele muralhão que cerca o Centro de Treinamento é o retrato do tempo da ditadura, do golpe militar — e então eles chegaram para mim: "Dom Tomás, nós estamos reunidos aí o dia todo e não convidamos o senhor. O senhor não leva a mal isso, não?" (*risos*) Eu falei: "É sinal que vocês têm perna para caminhar, não precisam que eu vá lá". Autonomia... e com muita comunhão com a gente, mas muito ciosos dessa força interna e dessa responsabilidade que cabe a eles de condução do processo. Eu acho que a Comissão Pastoral da Terra, tendo todo esse contexto, assim como o CIMI têm contribuído muito para a pastoral como um todo na Igreja: é aquilo que é de fronteira, da margem, mas atuando no centro. Eu acho que, hoje, o que é bom na nossa pastoral orgânica é que ela recebeu esse influxo destas pastorais avançadas, como CIMI e CPT, no sentido do respeito pelas iniciativas populares, do respeito pelo cristão leigo, por aquele que deve fazer. Não é perfeito, mas se conseguiu muita coisa, e sobretudo aquilo de que a gente falava há pouco: a sabedoria dos povos indígenas e a sabedoria do homem e da mulher da terra.

IVO: *Interessante: foi por causa do serviço aos camponeses, ao homem e à mulher da terra, que você, eu, a Diocese de Goiás terminamos envolvidos em outra experiência: o convite, o acolhimento e a convivência com o Mosteiro da Anunciação, dos beneditinos de Goiás. Eles vieram para Goiás chamados por nós para que um deles nos ajudasse no secretariado da Comissão Pastoral da Terra e você se dispôs, com muita alegria, a acolhê-los na Diocese. Qual foi a importância, o significado da convivência com a presença do Mosteiro na Diocese de Goiás?*

DOM TOMÁS: É, de repente, eu fui convidado para uma conversa com os monges lá no Paraná, em Curitiba. Eles estavam decididos a deixar Curitiba e tinham três opções: uma seria a área indígena; outra seria a Diocese de Dom José Maria Pires, em João Pessoa, na Paraíba; a terceira seria a Diocese de Goiás. Bom, eu, como sempre, diplomaticamente, deixei livre o pessoal, mas, intimamente, sempre torcendo para que acontecesse essa ida. Eu acho que essa chegada foi o reforço que a Diocese estava precisando: irmãos que colaborassem num trabalho assim tão desafiador. Primeiro, pelas figuras que estavam ali: Felipe, Pedro, Marcelo, que, para mim, estão na base de muita coisa que se consolidou.

A gente falava há pouco das diversas experiências de assentamentos na Diocese de Goiás, com dezenas deles. Eu acredito que o Mosteiro, com sua inspiração de espiritualidade, de palavra e de oração, descobriu esse caminho do pobre. Eles têm também uma dimensão ecumênica, o que ajudou muito também na Diocese de Goiás, que já vinha caminhando. Eu penso que muita coisa se consolidou a partir dessa presença, que não se trata de um assessor, o Marcelo, por exemplo — que deu uma contribuição não só lá, mas também na CPT nacional, durante anos, como assessor biblista ou como teólogo na Comissão Pastoral da Terra —, mas era a comunidade, uma comunidade que, tendo feito livremente toda a sua caminhada, sempre foi inserida. Podia não estar naquilo que é hoje, mas em qualquer momento era inserida com o povo, com o povo pobre. E eu coloco, porque já faleceu, em primeiro lugar o Felipe, com a experiência dele na Vila União. O Felipe era uma força, uma reserva espiritual de primeira linha. Nós devemos a essa comunidade, e hoje também eu acho que o bispo tem que reconhecer isso, e ele de fato reconhece, um elemento de grande apoio, de fortalecimento da caminhada de uma Igreja para que, de repente, ela não cesse. Ali independe do bispo: a coisa vai caminhar assim, no rumo dos lavradores, das lavradoras.

IVO: *Você já conseguiu relacionar bem a espiritualidade dominicana e a beneditina, sendo tão participante lá na comunidade. São parentes?*

DOM TOMÁS: São parentes. Eu acredito que, no universo religioso, de religiosos e religiosas, ali na Diocese, a presença do Mosteiro serve de reforço para a reflexão religiosa dentro de uma Igreja particular. Estão bem conscientes disto: passaram por todo o processo de renovação religiosa, essa a que a gente fez menção, na CLAR e em toda a caminhada na América Latina. Eu acho que o Mosteiro tem essa missão a cumprir em relação àquela Igreja.

REVI: *Dom Tomás, antes a gente conversava sobre o trabalho de educação popular, que se realizou e que se realiza com o apoio do senhor, e o senhor mesmo desenvolve o trabalho assim; foi até lembrado o MEB. Mas a gente sabe também que sua ação pastoral envolveu as escolas do ensino da rede particular, conveniada e dos colégios do Estado e do município. Tanto as escolas católicas como as escolas estaduais e municipais. As delegadas de ensino de Ceres, Goiás, Itaberaí e Jussara se tocaram, interpeladas pela própria ação pastoral da Diocese, e acabaram por optar por uma forma nova, um tipo novo de educação, que não fosse uma educação bancária, autoritária, alienada, e até buscasse uma sintonia com a pastoral da Diocese. Então, em toda a área diocesana em que existiam escolas, estava ali alguém desenvolvendo e motivando uma prática de educação alternativa. Lembro que o Marcelo, uma vez, nos assessorou em Itaberaí. Eram muitos professores da rede particular, do Estado e do município, lá no colégio das irmãs. E naquele tempo a preocupação era refletir: como estava a educação que o sistema impunha e quais as possíveis saídas. Foi um encontro muito bom. Como foi que o senhor conseguiu envolver todo esse pessoal da Diocese nesse processo de uma nova proposta de educação, e que resultados o senhor constatou nessa caminhada das escolas da Diocese de Goiás?*

DOM TOMÁS: É... como consegui envolver, ou como fui envolvido. Porque começou como uma sementezinha, ali na região de Novo Brasil, no interior, na roça, mas com dois professores altamente gabaritados, formados para um trabalho de nova pedagogia junto com o povo, o povo assumindo essa condição de autor no processo. De repente, a coisa começou a crescer. Nós já tínhamos tido a experiência do próprio Lar São José, que é preciso citar, sobretudo estando aqui a irmã Revi, que é uma espécie de educandário, orfanato de meninas acolhidas pelas irmãs e que se destinavam, a expectativa era bem essa, a ser domésticas das famílias de bem ali de Goiás. De repente, as irmãs vão embora e eu fico com aquilo na mão. Inicialmente, parecia uma batata quente na mão e, de acordo com os assessores, com você, com o pessoal que a gente chamou de fora, foi feita a proposta de uma escola aberta para meninos e meninas de rua. Então o Lar, de repente, se tornou como que um ponto de referência, não como um internato de toda uma população infantil, mas, a partir das famílias, endereçado para a escola. Foi o que prevaleceu como proposta, depois daquela pesquisa: o pessoal queria uma escola para seus filhos. E a escola foi numa linha alternativa, libertadora, participante, criativa; criaram suas cartilhas, eles mesmos, tirando da cabeça.

REVI: *"Saindo da cabeça".*

DOM TOMÁS: Saiu da cabeça. Uma outra era sobre a água...

REVI: *"Nós e nossas estórias".*

DOM TOMÁS: Sobre a fonte, não é?

REVI: *"A mina"*.

DOM TOMÁS: "A mina". Imagina, coisas de crianças! E isso continuou revolucionando a perspectiva escolar. Mas aquela experiência de Novo Brasil, do povoado que se chamava São José, depois se desenvolveu na forma desse instrumento diocesano. Quer dizer, muito maior do que nós, do que as nossas expectativas, a coisa foi crescendo em torno da proposta da Diocese de uma educação popular, libertadora, e atraindo já o interesse de assessores da Universidade Católica e da Federal. Houve convênio com a Secretaria de Educação. Muito acolhida: o pessoal, de cara, foi dando crédito àquilo. E de repente nós nos vimos, como Igreja, como pastoral, diante de uma população de mais de 15 mil alunos, de uns 400 ou 500 professores que se reuniam para estudar a proposta nova, o que é educação, como levar adiante o processo...

Interessante, eu, de mais a mais, me admirava do interesse até dos prefeitos, que gastavam dinheiro, eles que, em geral, são muito avaros na hora de soltar dinheiro para professores e para escolas, chamando, oferecendo tudo, oferecendo alojamento, alimentação. E os encontros foram se multiplicando com aquela equipe mantida pela diocese — nós tínhamos um projeto específico para essa equipe — e depois, com os convênios, as possibilidades de circulação.

O que sucedeu aí mostra, primeiro, o valor dessas pessoas, o idealismo que está dentro delas; depois, a sabedoria e a ciência, a técnica que eles dominam na linha da pedagogia, e que se tornou uma coisa óbvia, evidente, para aqueles que estavam numa busca educacional: não só os professores, não só as delegadas das quatro delegacias, que já representam um mundo grande, mas os próprios alunos, que começavam a ter uma visão diferente da escola, a escola deles.

REVI: *E a questionar os professores.*

DOM TOMÁS: E a questionar os professores. E os professores se sentiam um pouco em condição de inferioridade, muitas vezes, diante dos questionamentos que vinham dos alunos. Esse é, talvez, um dos mais bem-sucedidos processos em termos de caminhada da Diocese, em que nós entramos como servidores, não criando nenhuma instituição, nenhuma superestrutura, apenas o serviço, e dando a possibilidade a esses elementos de se aglutinarem em torno dessa proposta diocesana.

REVI: *Houve o trabalho de Santa Fé, que também foi resultado desse processo.*

DOM TOMÁS: Teve faculdade, ligada à universidade, lá no sertão, e isso aconteceu como conquista de baixo para cima. O desejo que se tem é de descentralização: por que tudo em Goiânia? Por que toda escola, toda saúde, tudo concentrado nessa cidade? Mas o processo de descentralização, em vez de ser a partir de um planejamento, que nunca vinha, foi a partir mesmo das aspirações populares, das comunidades... A irmã Nadir, com as mulheres de Santa Fé, que força! Que força no sentido de cobrar e também de enfrentar certos políticos de oposição!

IVO: *Muito bem, nós conversamos sobre essa parte do processo de educação, que envolveu as escolas, mas o trabalho de educação na Diocese teve uma dimensão mais pastoral, popular... Eu gostaria que você pudesse trabalhar um pouco mais a questão da saúde do povo. A Diocese teve, desde os anos 1970, um instrumento, que também era uma batata quente: um hospital, em Ceres, que se transforma e se torna também ponto de apoio para desenvolver todo um trabalho de educação popular na questão da saúde, e, mais ainda, ele se torna também instrumento da colaboração da Diocese de Goiás com a saúde indígena. Você podia falar um pouco sobre essa rica e longa história?*

DOM TOMÁS: É, o hospital foi o ponto de partida, porque era uma espécie de elefante branco. Imagina, um hospital diocesano administrando saúde, internamento, consultas, exames etc. Isso tem um custo muito grande e a tendência é virar uma coisa, um hospital particular. De repente, aquilo, que era administrado por uma congregação religiosa, cujas irmãs não se deram muito bem com a caminhada, pediram licença e o entregaram: olha aí a batata quente na mão! E foi o momento da reviravolta. A gente começou a pensar: como? Não demorou muito que pessoas de longe, do Rio, sabendo da existência na Diocese de um instrumento guiado por essa Igreja, numa linha libertadora, deixassem posições até mais vantajosas: doutores Gil, Albineiar, Antônio, e se mandassem para Ceres[2]. Aí eu me senti forte, no sentido de abrir a coisa para uma participação do povo da região. Um hospital que virou um centro de formação, de discussão, de reivindicação das comunidades, que acabaram se sentindo donas do hospital.

IVO: *E de criação de novas formas de medicina.*

DOM TOMÁS: Medicina alternativa, fitoterapia. E chegando mais elementos voluntários, mais ou menos pagos, com pouca coisa, porque o hospital tinha pouco recurso. Tendo uma posição política nova, o lado do governo começou a se fechar, o hospital teve que se valer de ajuda de fora, porque a própria política local, o conselho de medicina, o CRM dali, começou a olhar com maus olhos a equipe médica do hospital.

Bom, a iniciativa foi caminhando, se desenvolvendo, criando novos instrumentos, internamente e, sobretudo, na região. Mas um instrumento interessante foi o da saúde popular, fora do âmbito do hospital, fora do raio de atendimento do hospital. Um médico, e precisa ter um louco à frente disso, pegou a coisa: foi diretamente ao encontro das comunidades de base, e muito longe; por exemplo, um ponto era Itapirapuã, onde se encontravam lideranças do tipo de Tião, já falecido, e outros que estavam nesse processo de organização popular do pessoal da terra, um movimento de trabalhadores nascido de dentro da Diocese, associado agora à proposta de saúde. O pessoal afluiu com muito interesse, primeiro por ser saúde. Eu sempre digo: o povo tem duas religiões, escola e hospital, a saúde. E aí saiu até um livro, um livreto, uma espécie de cartilha, fruto já dessa primeira rodada, o "Meio grito". Altamente subversivo, você vê! Uma coisa de uma riqueza e de uma contundência...

2. Ver mais adiante o depoimento de um desses médicos, Antônio, e de sua esposa, Regina, sobre essa experiência de saúde popular.

assumindo a problemática da saúde, que foi roubada do povo, um instrumento nascido no coração do povo, e que agora pertencia a ricos, que dominavam a saúde na própria condição política do nosso Estado e do país. Então, essa é a experiência de saúde que nós tivemos e que representa, concomitantemente com a problemática da educação, uma grande força popular e que agora envolve novamente o hospital como ponto de referência.

Agora, a linha indígena, então aquilo era o doce, era o verdadeiro doce. O CIMI, as missões indígenas, conhecendo essa equipe de Ceres, estavam de olho nela, porque, inclusive, o pessoal vinha fazer treinamento ali para formar os jovens índios no processo de agente de saúde da aldeia. Com respeito pela saúde indígena, com respeito pelo pajé, o líder indígena que faz o tratamento a partir da cultura, da religião, da prática indígena. Isso foi incorporado, e então havia essa ligação do hospital com as aldeias, através da ponte que era o aviãozinho. E eu, piloto, era o motorista da turma. E os lugares — três, além do piloto — eram disputadíssimos. Sempre a gente reservava um lugar, e aí já reduzia quem ia, para algum índio ou índia que estivesse precisando de transporte. O caso mais interessante foi o trabalho feito junto aos índios enenauê, chamados os monges da floresta, esses que fazem as preces deles desde as três da manhã até cinco horas da tarde. Deixam qualquer monge pra trás! (*risos*)

IVO: *Vai ver que São Bento aprendeu deles!*

MARCELO: *É bem capaz!*

DOM TOMÁS: E eles, melhor do que os monges, tinham as flautas, flautas que acordam a madrugada; despertam a aurora pela flauta! Então, sete horas de vôo de ida de Goiás até os enenauê, e sete de volta. Foi um trabalho belíssimo no sentido de socorrer casos de emergência. A gente não ia toda hora porque precisava ter recurso para a gasolina do avião, só a gasolina e o óleo. Mas então, isso é um trabalho que se insere em toda a problemática do CIMI, que já tinha e tem uma política de saúde indigenista, sendo os índios protagonistas, sendo uma saúde em que nós oferecemos a eles os instrumentos de que eles querem tomar conta para servir à comunidade.

MARCELO: *Tomás, isso que nós estamos conversando, saúde, educação, e você falava dos movimentos populares, sobre a questão da autonomia dos lavradores, é muita coisa, muita coisa difícil de articular entre si, e na década de 1970 foi de um modo, mas na década de 1980 muitos agentes de pastoral que estavam antes tiveram que deixar a diocese por questões de saúde, de família ou de emprego etc., e até por evolução da própria Igreja. Nós tivemos, nos anos 1990 e até os últimos anos do seu ministério na Diocese de Goiás, uma experiência importante: um sínodo diocesano, pensado como uma tentativa de articular tudo isso, de fazer uma síntese, de propor quase como uma herança para a continuidade. Como é que foi isso? Como você viveu isso? Como foi preparado? Como é que você, agora a uma distância de alguns anos, vê aquela experiência?*

DOM TOMÁS: O sínodo foi o coroamento de uma proposta que foi, desde o início, desde a primeira assembléia, de participação do povo na caminhada da Igreja, com responsabilidade, com direito. O sínodo se tornou como que uma assembléia mais integrada. A assembléia estava correndo o risco de virar uma assembléia de alguns representantes, eleitos burocraticamente. O sínodo foi um esforço de acordar a voz, de acolher a voz de todas as áreas da Diocese num processo de comunhão, de participação e de decisão, de assumir, tendo em vista os clamores da nossa realidade, a situação geral da Igreja no mundo, no país, e a nossa resposta. O sínodo teve essa pretensão e acredito que a tentativa foi uma forma, pelo menos em boa parte, de despertar a Igreja, depois dessa caminhada de três décadas, despertar para o seu primeiro amor, a sua primeira intuição, vocação, na linha do Vaticano II, da Igreja aberta para os pobres e comprometida com eles. O sínodo, como proposta, foi isso: um processo; e eu acredito que, com maior ou menor resultado, porque, todo processo — e vimos isso no processo de educação e de saúde — depende muito da caminhada. Não depende de você ter uma idéia, por mais brilhante que seja, e querer executar. E essa caminhada tem forças favoráveis e outras menos, devido talvez ao conjunto, à conjuntura, que nem sempre é a mesma de quando se começou.

IVO: *Eu gostaria de aprofundar um pouquinho isso, Dom Tomás, no seguinte sentido: parece que a história da Diocese de Goiás, com a sua presença, com a sua animação episcopal, poderia ser definida quase como uma experiência de Igreja-que-decide-em-assembléia. Concorda?*

DOM TOMÁS: Concordo inteiramente.

IVO: *Então, nas análises que são feitas, seja no campo social, no político ou no eclesial, desse tipo de caminhada, diz-se que o ponto forte é a vivência, essa paixão, essa decisão constante. Mas o ponto fraco está exatamente na prática de que a gente vai sempre decidindo de novo em assembléia, mas se descuida um pouco, digamos, do acúmulo do que a gente fez de acordos, de normas, digamos assim, da convivência, do seguimento do caminho. O sínodo não tem sido também um esforço de, resgatando os 25 para 30 anos de caminhada, tentar organizar um pouquinho mais, sem criar uma amarra? Quer dizer, mantida a dinâmica de assembléia, de decisão em assembléia, mas, ao mesmo tempo, organizando um pouco o conjunto da riqueza de pontos de apoio para poder seguir na caminhada?*

DOM TOMÁS: Correto. Acho que esse resgate daquilo que é inegociável na caminhada da Diocese estava muito presente na preocupação do sínodo: depois de tanto vaivém, de tanta luta, de tanto crescer e decrescer em termos de Igreja, os pontos diante dos quais a Igreja não podia abrir mão. Mas o sínodo tinha isso de especial, assim como na assembléia, mas mais o sínodo, porque o sínodo é uma história antiga de caminhar junto na Igreja. Acho que, talvez, a palavra sínodo seja mais primitiva do que a palavra assembléia, e era uma busca de uma experiência com o Espírito, experiência de Deus ali. Ao menos a gente via isso como um evento, um novo pentecostes. E a descoberta do que esse Espírito, que é sempre o mesmo Espírito, nessa situação nova de Igreja, do que ele tem a nos dizer, vai um pouco nessa linha.

IVO: *E nesse sentido, em particular, quem sabe esquentando o coração também de agentes pastorais que, pelo ambiente geral de Igreja nesses últimos anos, já vinham voltando-se mais para si mesmos de novo, institucionalizando-se demais e perdendo aquele elã de crescer junto com o povo, de decidir junto. Porque também esse é um fenômeno que acontece na Igreja Universal e no Brasil, e que certamente também estava pesando um pouco em Goiás, não?*

DOM TOMÁS: Estava pesando. Porque mesmo nas bases populares, você foi daquele tempo, você lembra que havia uma expectativa de realização próxima; não a posição milenarista, mas muito presente. Os trabalhadores que se reuniam nas festas de violeiros, nas assembléias, nos diversos encontros diocesanos, estavam intimamente convencidos de que alguma coisa ia mudar no cenário, e rápido! Eu comparo um pouco à decepção dos primeiros cristãos, que esperavam logo acontecer o Reino e viram um processo, um processo longo com presença de Deus, é claro. Isso era o mais importante: o sínodo tomar conhecimento. O pessoal saber que o nosso estímulo não é a partir de querer logo, no fim do ano, com eleições, ou que a gente está noutra, bem melhor! Mas saber levar o processo eclesial em tempo de inverno, em tempo de seca, em tempo de hibernação... Porque a seca é a hibernação da água, como o inverno na Europa é a hibernação do sol. Aqui é a água. Nós vivemos um pouco isso em termos de Igreja.

IVO: *Nós falamos, Dom Tomás, e ouvimos com emoção a sua reflexão sobre esse processo todo de educação popular, de descoberta de lideranças, valorização da saúde na dimensão cultural, valorização da educação. Agora, é interessante falar sobre como isso aconteceu numa Diocese que tem como sede a Cidade de Goiás, normalmente vista como uma cidade que tem uma longa história e, ao mesmo tempo, como uma cidade aparentemente muito conservadora, com muitas tradições. Como se deu essa convivência? Como você compreendeu essa relação com a cultura popular e, ao mesmo tempo, com essa dimensão muito conservadora da Cidade de Goiás?*

DOM TOMÁS: É, isso começou por um conflito declarado. O pessoal que já tinha começado a ver na presença do bispo uma pessoa diferente da expectativa, pelo menos a elite que tinha o poder na mão, tomou uma decisão e chegou a publicar que a parte tradicional da Semana Santa seria levada pela equipe, pela associação que fora criada justamente para manter essas tradições: a parte folclórica da Semana Santa seria conduzida por eles, independentemente da Igreja; a Igreja ficaria com a parte litúrgica oficial. Aí então eu saí a público dizendo: não, eu assumo toda a expressão da Semana Santa, e na forma mesmo tradicional como está acontecendo, e expliquei o porquê. Eu acho que o Evangelho tem condições de esposar isso, de se encarnar e de inspirar essa maneira *sui generis* herdada da península Ibérica e, depois, com componentes da nossa própria realidade brasileira, consciente de que um povo acorre a isso não pela parte representativa, mas pelo elemento religioso profundo que está ali, elemento todo ele de origem popular. Era uma forma de devolver ao povo aquilo que lhe pertence, tanto em termos de cena, de desenvolvimento da caminhada, da jornada, das procissões, como em termo dos conteúdos. Não há nenhuma contradição entre o conteúdo que o povo coloca religiosamente na celebração da procissão do Senhor Morto com a proposta do Evangelho explicitada pelo Concílio Vaticano II.

Então, a coisa caminhou. Pouco depois, a organização da Semana Santa contou com um organismo capaz de assumir todas as participações, mesmo não-católicas, mesmo não-cristãs, no sentido de levar esse evento na melhor forma, respeitosa para com aquilo que o povo quer celebrar e também levando em frente os seus conteúdos religiosos e evangélicos.

MARCELO: *Na CNBB você tem sido sempre uma pessoa muito importante na articulação, ao menos de um grupo grande de bispos, e tem tido com isso alegrias e certamente também dores. Seria interessante você falar sobre isso, a função, a importância desse grupo, por exemplo, para tantos documentos importantes que a Igreja no Brasil pode receber. Além disso, como presidente, hoje, da CPT, você passa por tudo que é Diocese do Brasil. Como está essa sua relação com os bispos, com as dioceses?*

DOM TOMÁS: Essa relação não é pessoal. Não é Dom Tomás e a realidade eclesial que está aí. É grupal. Já fiz referências e quero ainda destacar a existência do grupo, chamado grupo informal, que Dom Fernando Gomes dos Santos carinhosamente chamava "Grupo não-Grupo", formado por bispos que vêm se reunindo desde o início dos anos 1970 até hoje. Não para fazer um grupo à parte, mas como uma forma mais simples, mais fraterna, de ajudar a própria CNBB. Nosso objetivo primeiro era o episcopado como um todo, as próprias assembléias, conscientes de que tudo aquilo que se fazia, assumido pela assembléia episcopal, era na dimensão da conjuntura eclesiástica do momento. E portanto, muitas vezes, internamente, em posição adversa à proposta profética. No início do golpe militar, houve uma declaração da cúpula eclesiástica elogiando aquilo que foi feito, como tendo salvo o Brasil do perigo comunista sem derramamento de sangue. Era uma canonização do golpe militar, com tudo aquilo que tinha por baixo, por dentro de porões de tortura, e prisões, e desaparecimentos.

Então esse grupo tinha essa preocupação de não formar uma coisa à parte. Dom Hélder teve muito receio, no início, e falou: olha, cuidado, isso aí vai ser interpretado como coisa cismática. Mas era justamente o inverso: para ajudar. Uma ajuda na medida do possível. Então essa articulação, que começou a partir de documentos, documentos como o já citado *Y-Juca Pirama: O índio: aquele que deve morrer*, de bispos e missionários; *Ouvi os clamores do meu povo*, de bispos e superiores do Nordeste; *Marginalização de um povo, o grito das Igrejas*, de bispos do Centro-Oeste; estava previsto um outro documento sobre o mundo operário, que, mais do que o mundo indígena e mais do que o mundo camponês, era um mundo proibidíssimo, e não chegou a sair; saiu na forma, assim, de um estudo do Dom Cândido Padim sobre a segurança nacional. Mas a articulação em que os agentes da Diocese de Goiás trabalharam concretamente fez com que, por exemplo, o texto de *Ouvi os clamores do meu povo* mudasse de rumo depois que a equipe da Diocese de Goiás, Ivo estava no meio, Dario e outros chegaram, e passaram a discutir uma forma de compatibilizar as duas propostas. E isso continua, esse grupo continua. Não digo com o mesmo sucesso de antes. Nós sentimos uma baixa na correlação de forças com a atual situação da CNBB.

MARCELO: *Tenho impressão de que há uma política do Vaticano que visa dificultar a relação transparente, horizontal, entre os bispos e também enfraquecer esses movimentos de articulação.*

DOM TOMÁS: Até a própria conferência episcopal. Não é de hoje, desde o início, desde as primeiras reuniões de bispos, sobretudo porque elas tinham também incidência latino-americana, não era só no território nacional, também no Equador, no México e em vários outros países. Houve, por parte do prefeito da Congregação para os Bispos, uma espécie de advertência, dizendo que os bispos não deveriam se reunir.

MARCELO: *Agora, por que os bispos da década de 1970 reagiam a isso de uma forma mais profética e hoje em dia são mais subservientes?*

DOM TOMÁS: Bem, falando desse grupo, eu acho que não tem nada de subserviente. Agora, o episcopado, o atual episcopado, episcopado escolhido pelo processo de ajuste do Vaticano, a própria política global da Igreja, que vai noutra linha, numa linha mais interna e menos conflitiva, a gente acredita que há uma fuga, há uma rejeição de pessoas com certa espinha dorsal, com certa personalidade; quanto mais, assim, medíocre, mais atento, obediente, melhor para a função de bispo. Mas há escapatórias. Num episcopado como o nosso, de mais de trezentos bispos, há sempre furos, e furos salutares.

IVO: *Quer dizer, o Espírito Santo não se deixa controlar totalmente.* (risos) *Deveria ser o contrário: um esforço para a gente ser dócil ao Espírito Santo. Só que nós olhamos e percebemos que, de vez em quando, o Espírito Santo consegue vencer as intenções institucionais!*

DOM TOMÁS: Mas, para falar nesse grupo, até pouco tempo era o grupo responsável pelos eleitos na presidência da CNBB. De um tempo para cá, exatamente a correlação de forças é o sintoma de que a coisa mudou: começamos a perder as eleições, e quando não é perda é uma negociação, que é mal menor. Então isso acontece muito.

IVO: *Além de relações episcopais, você sempre teve relações mais abertas, no sentido ecumênico e até macroecumênico, quer dizer, com pessoas não necessariamente ligadas a Igrejas, ou que são de outras religiões, como no caso da experiência indígena. Que fatos, que situações, que testemunhos você gostaria de destacar dessas relações?*

DOM TOMÁS: Bem, é um pessoal muito unido à experiência de Igreja nascida do Vaticano II. E também da emergência de João XXIII. Você constata isso: é um pessoal que não é indiferente ao que acontece dentro da Igreja. Vamos dar um exemplo: a punição aos teólogos. Repercutiu de uma forma muito forte na área ecumênica, na área dos teólogos, dos pastores protestantes. Quer dizer, a gente vê, a partir daquele momento, a gente já sabia, como é um pessoal que vem caminhando passo a passo, *pari passu* com essas experiências, sobretudo as experiências de fronteira da Igreja. Veja o caso do CIMI. Ele tem uma contribuição valiosíssima da parte da Igreja luterana; O CPT, idem: é pessoal que está ali, a proposta não é uma proposta confessional, é pastoral no sentido do que há de mais profundo na pastoral, que é a ética, que é a opção pelo pobre, a luta pela justiça, a indignação diante da corrupção e da opressão. Então, a gente convive, e isso é um ecumenismo, por assim dizer, a partir da proposta do Reino, do Reino de Deus, e isso, como você diz, ultrapassa o universo cristão, protestante, católico, vai além. Na nossa experiência da Diocese de Goiás, e na experiência de São Félix, nós tivemos colaboração, assessoria de pessoal que entrou nessa caminhada independentemente da profissão de fé. Quer dizer, é uma fé mais profunda do que a fé religiosa, que se manifesta no culto ou então nas estruturas eclesiásticas.

MARCELO: *Tomás, nós estamos encerrando essa parte, que tratou mais do bispo de Goiás, da Igreja de Goiás em relação com as outras Igrejas e os movimentos populares. E vivemos, hoje, um momento em que, a partir até do papa — mas também as Igrejas locais tem muito esse costume —, aprendemos a pedir perdão, a fazer uma revisão do passado com caráter penitencial. Vamos dizer assim: olha, se fosse possível, a gente hoje não repetiria tais coisas, assim, assim... Você teria algo em relação ao qual diria: olha, eu não repetiria da minha experiência, ou em Goiás, ou no CIMI, tais elementos, eu vejo tal coisa hoje em dia de outra forma...?*

Dom Tomás: No retiro que eu preguei esse ano na Diocese — que eu preguei/coordenei, porque foi um retiro que teve muita participação em termos de depoimentos, bonitos por sinal, de companheiros antigos da caminhada e de gente nova chegando —, no fim fiz o meu depoimento, falando de algumas frustrações que a gente teve na Diocese: uma delas é com relação à Bíblia, porque a gente sonhava com uma busca da escola bíblica com o mesmo ímpeto, ou com a mesma tradição com que se busca, por exemplo, a missa dominical. E a gente ainda não conseguiu isso. Eu estou falando das coisas que eu gostaria que acontecessem, certo? Uma outra coisa a que eu faço referência é com relação à ordenação sacerdotal de mulheres. A gente gostaria, se fosse retomar esse trabalho, de trabalhar mais nessa linha. Não tanto o elemento feminino como tal, mas, sobretudo, aquele pessoal que a comunidade já adotou, já assumiu, que são as religiosas. Isso é muito importante, mas está cada vez mais distante. Seria talvez o caminho aberto para valorizar a mulher na Igreja, que dá tanta contribuição e é tão pouco reconhecida de alto a baixo na própria Igreja, sobretudo no alto, nas cúpulas mais altas da Igreja. E o terceiro ponto...

Ivo: *Nesse ponto eu poderia fazer uma provocação. Lembro que eu já conversei com você sobre isso em outras oportunidades. Será que um dos momentos, talvez um pouco frágeis, fracos desse "Grupo-não-Grupo" não teria sido aquele em que o diálogo, quer dizer, da parte da Igreja no Brasil, do episcopado inclusive, indo para o sínodo, foi com um levantamento feito sobre essa questão do ministério, do presbiterato, e com uma adesão até da maioria do clero à proposta do celibato voluntário, livre, opcional e da ordenação de mulheres? Conversando, a gente dizia o seguinte: será que não é hora, como foi no movimento bíblico, no movimento litúrgico, na ação católica, de um grupo de bispos, trinta, quarenta, cinqüenta bispos em conjunto, dar o passo e bancar o diálogo forçado, digamos, a partir da prática, e não só levar a proposta e esperar uma decisão institucional? Será que não faltou um pouco essa decisão, essa coragem para esse grupo todo de bispos, já que eu acho que naquele momento era possível, pois havia uma conjuntura relativamente mais favorável?*

DOM TOMÁS: Olha, dentro do próprio grupo isso é problemático, porque no grupo tem mestres e tem noviços também. (*risos*) O nosso grupo informal, ele cresce e agora está crescendo bastante, com bispos novos; se fosse talvez só com os veteranos... Não sei, não se pode atribuir muita força, mas a Igreja, a nossa Igreja católica, é a Igreja do papa ainda, é muito do papa. A expectativa, você pode ver em qualquer revista, é a mudança, achando que mudando o papa muda tudo. A gente pensa muito pouco nas bases, e no que é importante na Igreja.

Só completando a terceira frustração, não vou falar de coisas que me arrependo de ter feito, quer dizer, é frustração mais de coisa que não consegui fazer: é um outro tratamento aos nossos assentamentos. Eu sonhei, sempre sonhei com esses assentamentos como comunidades de base vivas. Portanto, integrando a pastoral de conjunto e exigindo uma presença de agente de pastoral lá, morando ali. Nós tivemos experiências desse tipo e a gente viu como é urgente, porque é um grupo que é tentado, que é sujeito às pressões da elite, dos latifundiários, no sentido de acabar votando para eles porque levaram uma vaca e fizeram churrasco na véspera da eleição, e deixar de votar neles mesmos. Quer dizer, sujeitos a se transformar de irmãos unidos na luta pela reforma agrária em pequenos fazendeiros concorrendo uns contra os outros; ou então, amanhã, vendendo a sua própria terra por um bom preço para voltar à estaca zero. Então, eu acho que essa presença evangélica, profética, ali, não apenas cultual, institucional, mas uma presença diuturna, contínua, envolvida na própria vida deles, talvez tendo um pedaço de chão também para trabalhar, isso não se conseguiu, e é minha frustração.

*Para rematar essa retomada da rica vivência do ministério episcopal na Diocese de Goiás, publicamos as palavras proferidas por Dom Tomás na celebração em que passou a missão a seu sucessor.*

## Homilia de Dom Tomás Balduino

*"Dom Eugênio, seja irmão, pastor e bispo desta Igreja"*

Querido irmão e arcebispo nosso, D. Antônio Ribeiro de Oliveira, Mons. Andrés Carrascosa, representante do Sr. Núncio Apostólico, caríssimos irmãos bispos, D. Antônio

Dom Tomás transmite o ministério de pastor a Dom Eugênio

de Sousa, de Assis (SP), D. Washington Cruz, de S. Luís de Montes Belos e presidente do nosso Regional, D. Benedito Coscia, de Jataí, D. José Carlos, de Rubiataba, D. José Chaves, de Uruaçu, D. Miguel Pedro Mundo, de Itumbiara, D. Heriberto Hermes, de Cristalândia, D. Celso, bispo emérito de Itumbiara, D. Almir, bispo anglicano de Brasília, D. Joel, abade de Tournay.

Exmo. Sr. Dr. Servito de Meneses, representante do Sr. Governador Marconi Perillo, Sr. Prefeito Municipal, Adélio Alves Aguiar, respeitáveis autoridades federais, estaduais e municipais, dos poderes executivo, legislativo e judiciário.

Caros membros da família de Dom Eugênio. Minhas irmãs Ana, Zélia, Nena, Belinha e Márcia e todos os parentes, primos e sobrinhos. Queridos sacerdotes, religiosos e religiosas que vieram de outras dioceses, queridos irmãos e irmãs, amigos e amigas vindos de perto e de longe.

Queridos irmãos e irmãs desta Igreja de Goiás, agentes de pastoral e todos os filhos e filhas desta Diocese, de modo especial os lavradores e lavradoras acampados e assentados.

Dom Eugênio, meu irmão e amigo muito querido.

Antes de tudo quero agradecer a vocês todos que vieram e aos que, não tendo podido vir pessoalmente, mandaram mensagem. Isto é uma honra e alegria para nós. Muito obrigado, também e mais uma vez, a todos aqueles e aquelas que tornaram possível a linda restauração deste Templo. Agradeço, comovido, às comissões desta festa, que se reuniram planejaram e trabalharam, incansavelmente, com inteligência, coração e garra. Permitam-me destacar a nobre colaboração da Igreja Messiânica, na mística ornamentação da nossa casa. Deus lhe pague!

Muito obrigado, Eugênio, por ter aceito tão generosamente o convite do papa João Paulo II para, de agora em diante, ser o irmão mais velho, pastor e bispo desta querida Igreja de Goiás.

Agora voltemos um pouco nossa atenção para o Evangelho que nos foi proclamado.

Aí Jesus nos fala de uma unção, e o ungido é ele mesmo. Unção é brilho de vida irradiante, é beleza perfumada e contagiante, é explosão de alegria na festa do noivado e do casamento. Naquele dia, na humilde aldeia de Nazaré, Jesus devia estar vivendo um dos seus momentos de mais profunda alegria pascal. A alegria dele era por causa da missão que, com prazer, honra e exultação, estava recebendo das mãos do Pai na forma de unção. Jesus estava feliz da vida!

Sua alegria e sua felicidade vinham também do fato preciso de ele estar sendo enviado a evangelizar os pobres e a libertar os oprimidos. Recebeu a missão de atuar junto com os muitos excluídos de sua terra, da terra inteira. Esta alegria, ele a expressou espontaneamente um dia, na forma de eloqüente agradecimento, dizendo: "Eu te louvo, Pai, Senhor do céu e da terra, porque escondeste estas coisas aos grandes e poderosos e as revelaste aos pequeninos" (Lc 10,21).

Estas são as mesmas unção e missão dadas por Jesus a esta nossa Igreja de Goiás. Este momento vivido agora por nós, nesta bela Catedral, é substancialmente idêntico ao que aconteceu com Jesus na pequenina sinagoga de Nazaré. Portanto, está se cumprindo hoje e neste lugar a unção desta Igreja. É a unção que recebemos para sermos sal, luz e fermento a serviço do Reino, a partir deste chão de Goiás e neste tempo do Jubileu em que Deus nos colocou. Todos nós, hoje e aqui, homens e mulheres, velhos, adultos, jovens e crianças, sacerdotes e religiosas, leigos e leigas estamos sendo ungidos do Espírito do Senhor.

E assim ungidos, nós também ungimos a ti, Eugênio, o cristão eleito para ser pastor desta Igreja. Nós te abençoamos e te confirmamos para que sejas sacramento da união entre nós, irmãos e irmãs, no louvor gratuito de Deus e na caminhada do testemunho e da prática da libertação. Sejas, pois, abençoado, santificado e consagrado para sempre, Irmão.

Ao preparar esta homilia, surpreendeu-me o paralelismo histórico da realidade do nosso país entre a década de sessenta, em que assumi o pastoreio desta Igreja, e a atual década de noventa, em que o passo ao meu irmão Dom Eugênio.

Há trinta anos vivíamos uma feroz ditadura militar, que subjugava o povo todo, a ferro e fogo, ao rigor do imperialismo da segurança nacional, continental e mundial. Hoje, com 31 anos de bispo diocesano, tendo visto passar dez presidentes da República pelo Palácio do Planalto, constato instalada no nosso país outra ditadura, a ditadura do mercado. Esta, ao mesmo tempo em que subjuga o povo a uma economia de guerra, revela total docilidade, complacência e subserviência ao império do capital especulativo e à agiotagem internacional.

Esta ditadura é, a meu ver, mais total e mais assassina do que a de 64. Com efeito, a ditadura de hoje conseguiu impor a derrubada das conquistas sociais consignadas na nossa Constituição. Por um lado incute, através de todos os meios de comunicação, o dever sagrado de honrar fielmente os compromissos financeiros com os credores internacionais e, por outro lado, rompe despudoradamente os compromissos sociais com a educação, a saúde, o transporte, o emprego e a reforma agrária. O governo chegou ao ponto de lutar denodadamente no Congresso Nacional, em várias tentativas, até conseguir transformar em lei o confisco da aposentadoria da viúva, a fim de saldar as dívidas com os super-ricos do capital internacional.

A realidade sociopolítico-econômica deste nosso tempo, juntamente com a profecia que íamos haurindo do Evangelho de Jesus, lido com os novos olhos do Concílio Vaticano II e da Assembléia de Medellín, foi moldando o rosto desta Igreja de Goiás. Um rosto que às vezes parecia, nestes trinta anos de caminhada de Goiás, sonho e utopia, o facho de luz de noite e a nuvem luminosa de dia que guiavam o povo de Deus nos quarenta anos de caminhada pelo deserto. Como saiu, então, o rosto de nossa Igreja?

Uma *Igreja com rosto de comunidade*. Nem o centralismo clerical, nem o individualismo particularista das irmandades e dos movimentos religiosos. Mas sim uma Igreja comunidade, popular e colegiada, de comunhão e participação em torno do seu pastor-servidor, na escuta do Espírito.

Uma *Igreja do Evangelho e do anúncio profético* para dentro e para fora dela. Não a sacramentalização, mas a evangelização, o que nos levou a assumir as escolas bíblicas como uma nova pedagogia para que o povo de Deus fosse Igreja e a Igreja fosse povo de Deus, lendo a Palavra de Deus para as comunidades e lendo-a também à luz dos olhos destas comunidades.

*Igreja que tomou partido pelos pobres e oprimidos.* Este foi o rosto mais difícil de ser levado. Porque mexeu nas estruturas e tivemos que pagar um alto preço, como o preço dos olhos cegados do Pe. Chicão. O tiro contra ele, dizem, deveria ser para o bispo, mas resolveram ferir o Chicão, para que ele não enxergasse mais a ferida da concentração fundiária, da discriminação social e da injustiça e da crueldade políticas.

Uma *Igreja aberta às outras Igrejas.* Não só às irmãs Igrejas de comunhão com o Sucessor de Pedro, mas a todas as Igrejas evangélicas, com respeito e veneração. Igreja aberta, de modo especial, ao continente latino-americano. Aberta, enfim, ao mundo, na perspectiva da construção do Reino de Deus em que nós, como Igreja Particular, devemos, por missão de Jesus, nos unir macroecumenicamente às outras suas ovelhas, que não são deste aprisco e que podem até nos dar lições no serviço da restauração da imagem de Deus no homem e na mulher.

Uma *Igreja com rosto lavrador*, camponês, rural, não apenas no sentido da geografia humana, mas de inserção na mesma aventura deste povo em marcha sofrida, mas cheia de esperança, em busca da terra prometida do viver e do trabalhar, em busca da cidadania.

Entretanto, quantas barreiras impostas pela sociedade latifundiária! Quantos obstáculos criados pelo poder político! O governo, que outrora chegou a perseguir militarmente os camponeses de Canudos e os lavradores das Ligas Camponesas e os destroçou, hoje distribui friamente os assentados da terra, relegados ao lixo da exclusão social. Nosso compromisso como Igreja é o integral apoio a eles.

Já vínhamos sentindo há tempos, na nossa Igreja, a necessidade de assumirmos um *rosto claro e decidido de juventude* em ligação com a atual inspirada busca do episcopado de abrir o amplo espaço eclesial devido aos leigos. Já vínhamos aspirando aprofundar a nossa comunhão com o Pai de Nosso Senhor Jesus Cristo, *revisando nossa fé, nossa teologia e nossa espiritualidade.* Neste sentido me alegro profundamente ao ver chegar entre nós o irmão Eugênio, ungido, precisamente, com estes dois carismas de juventude e de espiritualidade. Você, irmão, chegou na hora H.

E agora, Tomás, o que é que você vai fazer? Dêem-me licença para respondê-lo em poucas palavras:

1º — Peço a Deus a graça de ser como meu mestre, o biblista Pe. Joseph Lagrange, que trabalhou até dez dias antes de morrer aos oitenta e tantos anos de idade, dando suas brilhantes aulas de exegese na nossa Escola teológica de Saint Maximin, na França.

2º — Vou ser mesmo soldado raso, como me escrevia, há poucos dias, o amigo cardeal D. Aloísio, dizendo que estava com inveja de mim. Mas não vou deixar de ser bispo. Nem o posso! Não vou me candidatar na política. Que isto fique bem claro! Quero, sim, continuar ajudando na CPT, no CIMI e vou me integrar na nova articulação "Fé e Política". Já disse a D. Antônio que me alegrarei em contribuir com a pastoral que ele leva tão bem na sua Igreja de Goiânia.

Quero, sobretudo, com toda discrição, mas com muito amor e ternura, continuar sendo um irmão mais velho de vocês. A melhor lembrança e o melhor presente que estou levando desta despedida foi o repetido, sincero, fraterno e amoroso convite para ser o "patriarca" desta querida Igreja de Goiás. Para isso, de coração, peço a bênção e a unção de Deus pelas mãos carinhosas de vocês.

Vou concluir: Eu poderia, pelo direito que a Igreja dá aos bispos, solicitar esta renúncia ao Papa depois do ano 2000 e passada a festa do Jubileu. Pensei, entretanto, que esta Igreja de Goiás deverá entrar de rosto novo neste *Kairós* de Deus. Não só com bispo novo. Mas com um renovado espírito!

Sinto, irmãos e irmãs, que, mesmo tendo nós vivido um Sínodo diocesano, que durou três anos, ainda há, entre nós, agentes de pastoral e membros das comunidades de base, uma carência de mais vida, de mais ardor, de mais esperança, ao entrar nesse tempo único e diferente do Jubileu, tempo propício à nossa conversão e renovação. Seria tão bom se acontecesse hoje o que aconteceu na nossa 5ª Assembléia Diocesana, o Pentecostes da nossa Igreja!

É o que eu desejo para vocês. Para isso tenho rezado, e vou continuar rezando ao Pai, pela intercessão de Sant'Ana e de Maria, Mãe de Jesus e Mãe nossa. Em vista disso dou-lhes tudo o que posso dar da parte do Senhor, como bênção de irmão mais velho.

Amém, Aleluia!!

7 DE FEVEREIRO DE 1999

## DEPOIMENTOS

# DOM TOMÁS, O SENHOR SE LEMBRA?

DOM TOMÁS DIALOGANDO COM O POVO

Lembra de mim? Eu sou Maria Antônia de Jesus, mas todo mundo me chama de "Maria Toró". O senhor me conhece há muito tempo. Quanto? Nem sei direito, que com 64 anos, e depois de criar quatorze filhos, a cabeça às vezes anda meio lesa...

Eu sou aquela mulher que, numa noite de domingo, lá na Igreja de Santa Rita, o senhor viu, sozinha no derradeiro banco da Igreja, chorando. Eu chorava e não queria ver ninguém, nem falar. Tinha vindo da roça e nunca tinha conhecido padre nenhum. Tinha até medo de padre porque contavam umas histórias de um padre bravo que andou fazendo umas desobrigas lá pelo Engenho Velho onde eu e meu marido éramos moradores. Quando eu levantei a cabeça, o senhor estava junto de mim e falava tão calmo e a voz tinha um tal tom de bondade que eu confiei de falar. E o senhor perguntou:

— Por que você está chorando, minha filha?

Aí contei tudo o que eu tinha passado, como a vida da gente que veio do campo para a cidade é uma vida estrangulada... E sem arrimo. E o senhor me disse que eu tinha razão de chorar, mas não precisava só chorar. Podia reagir e fazer por onde sair daquela situação. E o senhor foi para mim como um pai de família que põe a enxada na cacunda e vai na frente e a filharada atrás. O senhor parou um tempo demorado só para me escutar, e eu não era ninguém. Eu não via, não ouvia, não tinha nem respeito por mim mesma. E o senhor foi como uma luz que Deus do céu mandou para fazer a gente olhar, escutar e compreender. Para mim e para muita gente que eu conheço, o senhor abriu nossa vista para a gente enxergar nossos direitos... Abriu nossos ouvidos, nosso coração para a gente amar...

O senhor se lembra?

Para nós, padrinho é quem introduz a pessoa na vida de Deus. O senhor foi nosso padrinho. Foi e é para sempre. Eu acho que todo pobre que conheceu o senhor levantou a vista.

O senhor se lembra de como explicou para nós o valor da terra e da reforma agrária? Desse modo, indo assim pelo que é básico na vida para a gente sobreviver, o senhor me fez descobrir até o valor do meu batismo. E a partir daí eu entrei para o Grupo do Evangelho. Eu acho que, em Goiás, fui das primeiras pessoas a se organizar em grupos para falar do arroz do Reino de Deus e do timbete que o inimigo joga no campo. O senhor se lembra de como nos animou para partir para uma terra que pudesse ser nossa?

Muita gente dos grandes da cidade e de fora tinha ódio do senhor, mas o senhor nunca desacorçoou de estar com o pobre.

O senhor se lembra?

A sua casa era sempre cheia de gente e era sempre gente pobre que o senhor apoiava. A gente ocupou a terra (fazenda) do Mosquito e pediu seu apoio. Quando eu vi o povo na terra, achei que com a experiência que tinha eu não podia ficar ali só para mim. Deixei o pessoal lá e fui ajudar o pessoal a ocupar o Rancho Grande. E depois fiz a mesma coisa no Acampamento Europa e finalmente no São Carlos. Em toda essa luta, toda vez que o pessoal se sentiu ameaçado pela polícia ou por jagunços, a gente nunca desanimou porque a gente contava com o seu apoio. A fé em Deus tinha como se fosse um sinal: a fé em Dom Tomás.

O senhor se lembra de quando o Silvando foi preso na Estiva? Amarraram o Silvando como se amarra um animal, e o levaram. Nós, junto com o padre Filipe e Marcelo e a irmã Zenaide, fizemos uma procissão até a delegacia. E o senhor entrou na delegacia e o resultado foi que o delegado o liberou.

O senhor se lembra, Dom Tomás?

DOM TOMÁS CELEBRANDO EM ROMARIA DOS MÁRTIRES

O senhor plantou uma semente e o que, neste seu aniversário de 80 anos, eu posso lhe dizer é que nós vamos cuidar para que essa semente vire árvore e fecunda. Mesmo se, nos tempos de hoje, muita gente e até a Igreja andam perdendo o rumo, e eu não sei se a gente conta com os bispos do mesmo modo, o senhor plantou uma semente... Que Deus recompense o senhor por esse plantio. O senhor se lembrou sempre de nós.

Agora, pode ter certeza: o Deus dos pobres vai sempre lembrar do senhor. Que ele lhe dê muitos anos de vida e saúde.

MARIA ANTÔNIA DE JESUS, CONHECIDA COMO MARIA TORÓ

# Dom Tomás, piloto da causa indígena

Dom Tomás pilotava pequeno avião a serviço da justiça e da vida

Foi uma alegria imensa entrevistar o doutor Antônio de Araújo e sua esposa, a educadora Regina Nogueira de Araújo, membros da equipe que transformou a medicina praticada em Ceres, Goiás, e participou, a convite do CIMI, por meio de Dom Tomás, da assessoria ao programa de saúde indígena. Deliciem-se com a beleza deste testemunho.

Ivo: *Na entrevista com Dom Tomás, ele disse que houve uma rica experiência em relação à saúde na Diocese e que aconteceu em torno da reorganização do hospital de Ceres. O Antônio e a Regina são dois participantes dessa experiência. Então, gostaríamos de começar esta conversa, este depoimento, perguntando: como foi que se organizou essa equipe, como se deu a relação entre vocês, que estavam no Espírito Santo e no Rio de Janeiro, e a Diocese de Goiás?*

REGINA: O Gil (*um dos médicos que dará início à experiência*) era muito amigo do Eliseu (*dominicano, que depois viria a trabalhar também na Diocese*). E fez o contato com Eliseu, e o Eliseu fez o contato com Dom Tomás. O grupo que veio a Ceres tinha muito a ver com o espírito que Dom Tomás desejava imprimir no hospital. Era um grupo que tinha boa experiência de saúde, com trabalho no Espírito Santo, no movimento educacional e promocional naquele Estado. O que houve foi coincidir o desejo de Dom Tomás com o desejo daqueles jovens que estavam, por diversas razões, querendo sair do Espírito Santo.

IVO: *Vocês vieram direto ou fizeram uma viagem de reconhecimento para ir construindo o projeto?*

REGINA: O projeto teve uma construção bonita. Primeiro, viemos do Espírito Santo para cá, trabalhando lá ainda, eu, Gil e Albineiar (*outra médica da equipe*). Os mentores desse contato eram Gil, Albineiar e o Eliseu. Dom Tomás nos pegou e, no "tecozinho" dele, viemos para Ceres e visitamos todo o hospital. Na minha memória, isso foi em 1971. E começaram as negociações, as conversas e tudo. Mudamos para o Rio de Janeiro, e com isso o Antônio entrou no projeto. Ele foi o primeiro a chegar a Ceres. Depois foi sendo formada uma equipe multidisciplinar de doze pessoas. O contato com Dom Tomás foi uma experiência muito bonita: a gente sempre sentiu nele muita firmeza e muita clareza no que ele queria; sempre atendia o chamado da gente; era um companheiro a distância, porque ele não estava no dia-a-dia do hospital.

IVO: *Antônio, quais as características desse projeto de saúde de Ceres?*

ANTÔNIO: Bom, cheguei em 1974. Eu estava no Rio de Janeiro, desejando ir para o Espírito Santo, mas os amigos disseram que iam voltar para o Rio de Janeiro para estudar, pondo fim ao projeto de lá. Foi aí que Gil e a Albineiar vieram com a notícia desse contato com Dom Tomás e dessa nova proposta da Diocese de ter um trabalho diferente no Hospital Pio X, de Ceres. Tratava-se de a gente usar a medicina como arma libertadora; não uma medicina só curativa, mas uma medicina com uma conotação global: curativa, no hospital; preventiva, fora do hospital, dando muito valor à saúde pública, tentando casar a proposta do hospital com a da Diocese: a libertação das comunidades, naquela luta contra a ditadura. Como os outros não puderam vir logo, eu vim para ocupar o lugar de dois médicos que tinham pedido demissão. Até aí, o hospital não tinha nada a ver com a Diocese. A partir daí, fomos recompondo a equipe, no final de 1974, início de 1975.

Mesmo participando de várias reuniões no Rio, debatendo sobre a medicina que deveríamos praticar, para mim era algo meio confuso. Na minha cabeça, só estava claro que desejava trabalhar num lugar que devolvesse para a população pobre o que eu ganhara da faculdade. Quando soube que a Diocese tinha uma proposta muito mais ampla, de abrir a cabeça das pessoas em termos da libertação do sistema de opressão em que a gente vivia, achei a proposta muito boa e resolvi vir conhecer o Hospital Pio X, em 1974. Era um hospital velho, mal organizado e com um problema sério: havia divisão de classe dentro do hospital, com áreas para atendimento diferenciado. Os três pavilhões eram divididos por classe e não por clínica. E a gente tinha a proposta, quando chegasse, de trabalhar por clínica, além de trabalhar junto com os grupos de evangelho e com o Sindicato do Trabalhador Rural, que era onde o pessoal se organizava.

Ivo: *Poderíamos, então, dizer que a saúde era vista não só como cura de doenças, mas como um reforço à capacidade de iniciativa e de luta de libertação do próprio povo?*

Antônio: Exatamente. A proposta era a gente entrar nas comunidades, usar o que a gente sabia; e aí foi muito importante a chegada da Regina e da Rosirene, porque elas entraram nas comunidades, dando curso de saúde, reforçando a organização deles, usando outra arma: aprendendo a aplicar injeções, fazendo pequenos cuidados de saúde etc.

REGINA: Na verdade, o hospital já tinha o serviço de saúde pública na época: tinha os grupos prioritários, de crianças de 0 a 4 anos e gestantes. Então, foi o Gil que fez o programa de vacinação em Ceres, que não existia; o hospital começou a vacinar toda a região. Como trabalho de educação em saúde, havia o grupo de puericultura, um trabalho bonito.

IVO: *Infelizmente, não temos tempo para olhar toda a história. Vamos concentrar num período em que a equipe do hospital, por intermédio de Dom Tomás, é desafiada a dar um reforço a uma iniciativa do CIMI: a saúde indígena. Vocês podem contar como foi essa experiência?*

ANTÔNIO: O CIMI convidou o Pio X para ser um hospital de apoio à saúde indígena. Precisavam de um médico para começar o primeiro trabalho, na aldeia Tapirapé, onde estavam as Irmãzinhas de Foucauld. O objetivo era organizar o trabalho de saúde na aldeia indígena. Eu fui designado como médico, e logo entraram a Regina e a Lair. A primeira meta foi visitar a aldeia e fazer um levantamento da situação.

REGINA: E integrar-se mais na cultura, de modo que nós pudéssemos receber os tapirapé em Ceres, com cuidados que respeitassem a cultura deles, instalando, por exemplo, gancho de rede nos quartos em que eles iriam ficar. Alguns ficavam lá em casa, porque ficava difícil para eles no hospital.

ANTÔNIO: Na primeira viagem, com Dom Tomás como piloto particular, uma coisa realmente chique e divertida, comecei a organizar o trabalho de saúde a distância, porque, evidentemente, o Hospital Pio X não ia poder acompanhar o dia-a-dia. Em Ceres, ficamos na retaguarda, recebendo os tapirapé que estivessem com problemas mais graves e, ao mesmo tempo, eu ia lá, em média, a cada três meses para atender toda a aldeia. Para o diagnóstico de saúde na aldeia, feito na primeira viagem, me valeu muito a orientação do Gil, que é o homem da saúde pública.

Atendi, naquela época, uns 180 tapirapé, e fiquei sabendo que, quando as Irmãzinhas chegaram lá, em 1950, eles eram só cinqüenta. A primeira coisa que eu fiz foi ensinar à irmãzinha Elizabete, que era a enfermeira da aldeia, noções de como tratar a pneumonia, o calendário de vacinação. Levamos a vacina BCG de Ceres, mas, ao mesmo tempo, cobramos da FUNAI uma assistência maior, pelo menos nas vacinas e na organização da farmácia, que era uma coisa de louco, com remédio de todo lado, de Luxemburgo, da Itália... Então era remédio que eles mandavam e as Irmãzinhas, coitadas, não tinham noções de como... Organizamos as rotinas de tratamento. Tínhamos doutoras na aldeia, formadas por nós. Tudo era muito simples. As primeiras consultas foram feitas na frente de todo mundo, e quando eu pedi e o índio abriu a boca, e botou a língua para fora, foi uma gargalhada geral. Nunca tinham sido consultados; os médicos da FUNAI iam lá e distribuíam remédio, mas ninguém era examinado.

O trabalho com os tapirapé foi muito bonito, mas havia uma proposta muito mais ampla: fomos convidados pelo CIMI para participar de uma assessoria de saúde em nível nacional. Rosirene e eu passamos a fazer parte dessa assessoria. O trabalho foi ampliado, e Rosirene passou a fazer um diagnóstico de saúde em nível nacional: andou o Brasil todinho.

Passamos a ser muito solicitados. Fizemos o trabalho de saúde na aldeia Karajá, participamos do assentamento da aldeia São Domingos dos karajá, ajudamos a estruturar a aldeia; depois, partimos para os minki e fizemos lá, no Mato Grosso, o diagnóstico de saúde, uma situação completamente diferente: os tapirapé, aquele povo nutrido, bonito, porque tinha uma boa alimentação, eles moravam na beira do lago, e eu fiquei muito chocado na aldeia Minki, vendo uma situação terrível de desnutrição relacionada à falta de alimentação, porque eles não tinham mais caça e os minki não moravam na beira do rio. Depois, um colega, o Luiz, foi até os enenauê, com Dom Tomás, e juntos fizeram um trabalho muito importante, porque era uma aldeia que estava sendo invadida pelos grileiros de terra, uma área indígena que precisava ser demarcada. E o trabalho seguiu por aí. Foi um grande trabalho do hospital, pena que se tem pouca coisa registrada.

IVO: *Interessante resgatar isso. Eu queria perguntar aos dois: como foi, para vocês, essa experiência de conviver e trabalhar com populações de culturas diferentes como são os povos indígenas?*

ANTÔNIO: Olha, para mim foi uma coisa fenomenal. A primeira coisa que me deixou impressionado, nos tapirapé principalmente, foi que o sonho que animava a gente era vivido por eles. Quando vinham a Ceres ou a Brasília, eles ficavam impressionados de ver pessoas pedindo esmola. Porque, nos povos que conheci, esse é um aspecto que me deixou muito impressionado: a solidariedade que existe. Eu via lá um tapirapé velho, aleijado, que andava de muleta, que teve tuberculose óssea: esse homem não passava fome, porque ele tinha comida; ninguém deixava o outro passar fome porque não podia trabalhar. Caíram os vários mitos que eu aprendi na escola: que índio não trabalhava, que era preguiçoso. O que eu vi lá foi um povo trabalhador: eles saíam cedinho para a roça, voltavam de tarde, com as enxadas nas costas; plantavam arroz, banana, milho, mandioca e cará. Eu ficava impressionado porque, para eles, o trabalho na roça era sagrado. O trabalho é uma coisa tão sagrada, que um tapirapé, operado na pálpebra, apesar de eu ter receitado o repouso, foi trabalhar no dia seguinte. A sociedade tapirapé, como a dos demais povos, é uma sociedade onde não existe ninguém pedindo esmola; são muito solidários uns com os outros, dentro das próprias famílias, ou uma família com a outra. Para mim, aquilo era a sociedade dos sonhos.

IVO: *E a gente fica envergonhado de não estar conseguindo ainda fazer pelo menos uma aproximação disso em nossa sociedade. E você, Regina?*

REGINA: Hoje, relembrando o passado, o que mais me impressionou neles foi a alegria de viver. A simplicidade: eles se alegravam por pequenas coisas, riam de tudo. Uma grande alegria de viver. Essa é a coisa que mais eu recordo: a alegria de viver.

IVO: *E de Dom Tomás, o que é que vocês mais lembram?*

ANTÔNIO: Ah, era muito bom! Dom Tomás era sempre muito animado. Só uma viagem ele não foi comigo, porque estava na

Europa, eu acho. E essa viagem foi muito difícil para mim: tive que ir de avião até a Ilha do Bananal, pegar uma voadeira até a aldeia São Domingos. Que falta fez Dom Tomás, porque ele era muito companheiro: a gente conversava muito, e eu ficava impressionado de ele chegar lá na aldeia, ficar lá junto com os tapirapé, ou os karajá, conversando, e à noite fazia questão de ir lá para a Tacana, a casa dos homens, no centro da aldeia, em que eles ficavam refletindo. Os tapirapé estavam vivendo um momento muito difícil, porque grandes fazendas estavam invadindo sua área, e ela não estava demarcada ainda. Dom Tomás refletia junto com eles sobre a necessidade de eles enfrentarem melhor, porque era muito difícil, porque os grandes fazendeiros tentavam comprar alguns tapirapé, com presentes, com promessas. Dom Tomás participava muito dessas reflexões com eles, e eles foram até conseguir a demarcação das terras deles.

E o que eu também achava bacana no Dom Tomás, nele e nas Irmãzinhas, era a não-imposição da nossa religião aos tapirapé. Eu achei aquilo uma coisa que eu nunca vou esquecer: as Irmãzinhas nunca impunham nada aos tapirapé! Esse negócio de batizado, de casar, eles praticavam a religião deles, praticam até hoje, as Irmãzinhas têm a capelinha, um cantinho da casinha delas, onde elas rezam toda noite. Dom Tomás rezava missa ali com a gente, nós quatro, eram três Irmãzinhas e eu. Tinham um respeito muito grande à cultura tapirapé, à cultura do povo indígena.

Outra coisa que me impressionou foi a coragem de Dom Tomás: sair de avião, lá naquela distância, para me levar, só eu no avião, para consultar o pessoal todo. Muitas vezes a gente correu muito risco, enfrentando tempestade naquele aviãozinho frágil. E ele sempre animado. Ele era muito seguro: o avião tinha que ir com peso certo, e só levantava vôo se tinha certeza de ter teto.

Ivo: *É interessante porque a gente não sabe avaliar quanto foi importante essa experiência de vocês junto com o Tomás para a Diocese. Na verdade, ao contrário do que muitos reclamavam, a ausência do Tomás era um testemunho, e eu curtia essa paixão dele pelos povos indígenas. O testemunho de vocês me deixa muito contente. De fato, o Tomás, colocando-se como piloto, era um bispo no lugar certo, na hora certa: o bispo a serviço da causa indígena, levando o médico, que era quem podia ajudar a reforçar a luta indígena naquele momento. O bispo, se pode ser o piloto, ótimo que seja o piloto, e o Tomás fazia isso como parte da vocação dele.*

ANTÔNIO: O que era muito importante para nós, na época, e ficou muito claro desde o início, é que a gente tinha que levar nossa medicina, mas sem agredir muito. Então, na primeira reunião que eu fiz com a aldeia, me lembro até hoje, nós sentamos todos, numa tarde, e ficamos refletindo para tentar voltar às origens da medicina indígena, porque eles tinham perdido muito, tinham perdido todos os pajés. Ficamos uma tarde toda refletindo, e eu lembro até hoje que o primeiro remédio que nós redescobrimos, e que eles tinham demais na aldeia, foi fazer vapor com a alfavaca. Era melhor que tomar injeção, e eles adoraram essa idéia, porque a injeção, para eles, era uma coisa terrível. Outra coisa que os deixou abismados foi quando eu falei para eles que era muito importante usar muito mel, e eles tinham grande fartura de mel nas matas.

REGINA: Eles tinham a festa do mel. Eu presenciei a festa do mel. Eu vi, na semana em que eu estive lá: o mel, o peixe e a menina quando atinge a puberdade, todo o ritual que eles fazem, numa simplicidade, coisas muito simples, porque a vida na aldeia é simples. E é o que eu admiro nas Irmãzinhas: elas vivem com toda a simplicidade e dedicação. E o carinho que eles têm, simples, nada de rebuscado, do viver, da alegria, do dia-a-dia. Fazem as coisas dum jeito muito particular, típico da cultura deles.

GOIÂNIA, JULHO DE 2002

# O CONHECIMENTO PARTILHADO PARA A DECISÃO SOLIDÁRIA

## *A experiência da pesquisa participante na Diocese de Goiás durante os anos de Dom Tomás Balduino*

CARLOS RODRIGUES BRANDÃO*

DOM TOMÁS EM ASSEMBLÉIA DIOCESANA

### 1. DO DECRETO AO DIÁLOGO

Nada mais fácil do que governar por decretos. Nada mais difícil do que aprender a fazer e a viver o seu oposto: decretar por

---

* Antropólogo, professor em diversas universidades e educador popular.

diálogo. Esta foi a experiência que eu e tantas outras pessoas partilhamos desde 1968. Foi quando pela primeira vez fui chamado a prestar uma pequena assessoria à Diocese de Goiás, logo após a posse de Dom Tomás Balduino.

As Igrejas e o povo brasileiro viviam mergulhadas no poder arbitrário dos governos militares, e esse período foi especialmente duro em Goiás desde 1966. Foi de algumas dessas Igrejas e durante esse tempo difícil que foram sendo criadas, aqui e ali, principalmente entre o Centro-Oeste, a Amazônia e o Nordeste, as experiências surgidas no mundo cristão do Brasil e da América Latina entre fins dos anos 1950 e começo da década de 1960, pouco antes do golpe militar de março de 1964. Vínhamos da vocação das pequenas comunidades de Ação Católica, comunidades de leigos destinadas a um trabalho evangelizador que tomaria um caminho de compromisso político-pastoral junto a camponeses e operários de todo o país. Vínhamos do esforço de recriar vínculos de fraternidade de um difícil aprendizado, nos relacionamentos entre cristãos e os movimentos de cultura popular. Dom Tomás havia participado de maneira intensa do Movimento de Educação de Base, de Conceição do Araguaia, em seus tempos de frade dominicano no sul do Pará. Poderíamos nos haver conhecido desde então, pois eu fazia parte da Equipe de Animação Popular, do MEB-Nacional. E foi em nome do MEB que em julho de 1964 conheci Goiás e o Centro-Oeste. Vínhamos das primeiras sementes e dos primeiros frágeis mas esperançosos embriões do que viriam a ser mais tarde as Comunidades Eclesiais de Base, núcleos de fé, de pensamento e de ação de uma Igreja do Evangelho. E as palavras e os símbolos contidos neste nome: Igreja do Evangelho, eram particularmente proféticos e queridos entre nós, em Goiás.

Vínhamos do Concílio Ecumênico que um papa camponês ousara convocar, contra a vontade de tantas outras pessoas dentro e fora da Igreja. Viríamos de Puebla, e nos uníamos na experiência da ousadia apostólica de inúmeros leigos, vários sacerdotes e alguns bispos, para quem o “ser cristão” impunha uma revisão profunda da vida pessoal e do sentido de serviço ao outro em nome de uma fé que tinha no Amor o seu começo e o seu fim. Não nos bastava mais o fervor espiritual e o desejo pessoal de santidade e de salvação, ancorado em uma sucessão de pequenas ações de boa vontade cristã, mas ainda não evangélica. Era preciso traduzir a fé em gestos de ternura e de caridade cristã destinados a serem um ato permanente e solidário de serviço às pessoas reais, homens e mulheres, crianças, jovens, adultos e idosos das várias faces do povo — os humilhados e os excluídos, os pobres e deixados à margem. Enfim, aqueles que eram e seguem sendo hoje, aqui e agora, os seres humanos a respeito de quem o Cristo falou e segue falando como os seus filhos mais amados. E amados justamente por serem os mais esquecidos daqueles que esqueceram também as lições da "Boa Nova".

Era preciso rever com coragem o sentido do compromisso cotidiano e histórico de uma Igreja até então ainda mais próxima de fazendeiros do que de lavradores, de patrões do que de empregados, de juízes do que de julgados, enfim, de ricos e "inclusores" bem mais do que de pobres e "excluídos". No Nordeste, Dom Hélder Câmara era naqueles duros anos de provação um pioneiro de caminhos. Entre nós, pouco a pouco Dom Fernando Gomes dos Santos viria a ser um outro. Alguns anos mais tarde, Dom Tomás Balduino e Dom Pedro Casaldáliga iriam tomar o mesmo caminho e viriam nos convidar — e fomos e temos sido ainda tantas e tantos — a seguir por eles, ao lado deles.

## 2. A PESQUISA A SERVIÇO DA MISSÃO

Ora, das muitas aprendizagens vividas na Diocese de Goiás, quero lembrar aqui apenas uma delas. Talvez não tenha sido, para algumas e alguns de nós, a mais importante. Mas a verdade é que seria difícil viver as outras sem ela. Falo da maneira como criamos, passo a passo, meios confiáveis e democráticos de conhecer a realidade da vida cotidiana das pessoas das várias comunidades dos treze municípios da Diocese de Goiás. Conhecer as condições sociais e econômicas da realidade de suas vidas e compreender, também, o que elas pensavam sobre as suas vidas e sobre o que deveria ser feito, dentro e fora da "vida da Igreja", para tornar mais solidário e mais justo um mundo ainda tão desigual e tão injusto.

Um mundo de vida e de trabalho a ser transformado a partir de cada "lugar local", por meio do trabalho de todas as pessoas dispostas a participar de enorme e urgente "mutirão" a que nos sentíamos convocados, os que já eram "o povo de Goiás" e os que vieram, padres, irmãs e leigos, de perto e de longe, para somar aos deles o nosso trabalho pastoral. Uma das idéias mais fortes era então a de que o lugar da felicidade e o Reino de Deus devem ser não "buscados", mas construídos aqui na Terra e a partir de agora.

Como não tornar uma Igreja que sonha ser uma Comunidade de Fiéis apenas um "monte de palavras" ditas do alto do púlpito, ou apenas o trabalho de equipes dedicadas a atos caritativos para o povo, em lugar de gestos de um verdadeiro aprendizado do compromisso com o povo? Como fazer com que de fato as decisões sobre os assuntos mais simples e também os mais importantes sejam partilhadas? Sejam levadas ao povo e trazidas de volta? Sejam a experiência do diálogo que aprender dia a dia a ouvir e a re-aprender, antes de pretender falar e ensinar alguma coisa? Como criar meios de integrar as tradições, as vivências e as aspirações das "pessoas da base" com a mensagem do anúncio da "Boa Nova" de uma Igreja que não se dirige aos lugares-raiz e às suas pessoas, mas que deseja "nascer do povo" e ser, como ele, a seu serviço, um lugar da Esperança? Como entrelaçar aquilo que na conhecida frase de Antônio Gramsci está sempre separado: o povo simples da roça e da cidade sente e sabe sobre a sua vida e o seu mundo, mas não os compreende, enquanto nós compreendemos uma coisa e a outra, entre tantos dados e teorias, mas sem saber de dentro e sem sentir?

Naqueles tempos — o final dos anos 1960 e toda a década de 1970 — ainda não se falava em "pesquisa participante", em "pesquisa-ação". Tínhamos algumas pistas, algumas idéias e práticas vindas da equipe de Paulo Freire, no Nordeste, e do trabalho em torno do "levantamento das palavras e dos temas geradores", como um primeiro passo da alfabetização de jovens e de adultos de comunidades populares, nos trabalhos de alfabetização. Tínhamos as pesquisas a que dávamos no MEB o nome de "estudo de área". Elas se destinavam a realizar um levantamento estatístico, por meio da aplicação de questionários, a respeito das condições de vida em comunidades populares, no que respeitava a indicadores como: trabalho, produção, residência, alimentação, saúde, educação, vida comunitária. Mas ainda eram experiências muito marcadas pelos velhos modelos das investigações acadêmicas confiáveis, em que uma equipe treinada de agentes sociais — em geral pessoas saídas dos cursos de "humanas e sociais" das universidades — produzia o questionário, aplicava-o junto a pessoas e famílias das comunidades, tabulava os dados e os organizava e, finalmente, elaborava um relatório final. Mesmo quando a pesquisa do "estudo de área" fosse realizada em nome de um trabalho de educação popular, e mesmo quando os seus resultados eram destinados a algum tipo de serviço às pessoas das comunidades, todo o processo de realização do trabalho e de construção de novos conhecimentos ficava por conta de uma equipe profissional.

Assim, no que toca à experiência da pesquisa, pensamos dar um passo adiante. Pois tínhamos cada vez mais a consciência de que todo o trabalho das equipes locais e dos momentos de tomada de decisões ampliadas, como acontecia nas assembléias diocesanas, era um longo aprendizado de comunicações de ida-e-volta entre agentes de pastoral e agentes da base, em busca de uma linguagem comum para a criação de um conhecimento comum destinado a estabelecermos decisões conjuntas para as pequenas e as grandes questões de nossas práticas.

De uma assembléia diocesana para a outra e de um ano para o outro, procuramos aprimorar um tipo de investigação sobre a realidade da vida e do trabalho das pessoas do campo e da cidade (das pontas de rua para onde migravam ano a ano mais e mais famílias da roça) que contasse com a participação de representantes das comunidades, se possível em todos os seus momentos.

Uma das idéias de base entre nós veio a ser um dos fundamentos da pesquisa participante. Se o destinatário dos conhecimentos que pensávamos gerar com uma pesquisa eram pessoas e famílias das comunidades populares da Diocese de Goiás; se as decisões locais, regionais ou diocesanas a serem tomadas com a ajuda desses conhecimentos deveriam ser tão partilhadas entre "nós e eles" quanto possível; se em boa medida seriam eles, com a nossa assessoria, os realizadores verdadeiros das ações pastorais decididas entre nós, então todo o processo de criação de conhecimentos através de uma pesquisa social deveria ser também partilhado. Deveria ser, tanto quanto possível, uma co-responsabilidade e uma co-autoria entre as pessoas do povo, os agentes de pastoral e os assessores da pesquisa.

Em alguns momentos isso foi posto em prática e hoje, tantos anos depois, lembro-me dessas experiências da Diocese de Goiás como verdadeiras precursoras da tradição hoje tão difundida pelo mundo inteiro da pesquisa participante.

Algumas foram feitas em um âmbito mais regional. Uma delas acabou ficando conhecida aqui no Brasil e mesmo fora daqui. Foi a pesquisa realizada na região de Ceres, uma iniciativa das comissões populares de saúde do município e de outros vizinhos. Quando pessoas das comissões vieram conversar com Paulo Michalizen, um médico e agente de pastoral da Diocese, em busca de um instrumento, de uma "cartilha" que ajudassem as pessoas do povo a lidar com os seus direitos à saúde e com as complicadas agências públicas e particulares do ramo, ele devolveu o pedido sugerindo que fosse antes feita uma pesquisa junto a várias pessoas das comunidades. A idéia era coligir dados e, principalmente, visões e opiniões sobre a "questão da saúde".

Foi então formada uma comissão responsável. Os termos e os procedimentos da pesquisa foram pensados em conjunto, e um questionário foi elaborado com a participação ampliada de agentes de pastoral e pessoas das comissões de saúde. Os questionários foram aplicados não individualmente, como se faz de maneira tradicional, mas aos grupos das comunidades. Cada questão proposta era debatida com liberdade e quando havia um consenso de resposta ele era escrito pela "aplicadora do questionário". Os questionários foram reunidos, e a equipe coordenadora, formada por agentes de pastoral, por agentes da base e por assessores externos, procedeu ao tratamento dos dados e, depois, à sua interpretação. Dois relatórios finais foram escritos, um em "linguagem de agentes de pastoral", o outro em "linguagem de agentes da base". A pesquisa tomou o nome de "O meio grito". Mais tarde, com base na experiência das comissões pastorais de saúde e nos dados e análises da pesquisa, Paulo Michalizen, junto com a equipe de coordenação, escreveu uma cartilha com informações sobre a questão da saúde e os direitos populares a ela[1].

Numa dimensão bem mais ampliada, duas pesquisas com este mesmo espírito foram realizadas na Diocese de Goiás. Uma delas foi levada a efeito já em 1970. Ela envolveu um número bastante maior de pessoas de todos os treze municípios do território diocesano e os seus dados serviram de base a documentos de trabalho de assembléias diocesanas, e a documentos de denúncia e de esperança.

Anos mais tarde vivenciamos uma experiência semelhante, e com um trabalho então ainda mais participativo e mais integrado. Reunimos no Centro de Treinamento uma ampla equipe. Ela era composta de vários representantes, homens e mulheres, jovens e adultos — escolhidos em suas comunidades de base —, agentes de pastoral e assessores. Desde algum tempo antes chegavam da própria base, em diferentes municípios, solicitações de um instrumento de levantamento e interpretação da realidade social local.

Procedendo da mesma maneira como nas ocasiões anteriores, foi criada uma Equipe de Coordenação com pessoas da base e dos quadros de agentes de pastoral da Diocese. No encontro de decisões

1. O relatório em linguagem de agentes de pastoral foi depois publicado como um dos artigos do livro *Pesquisa participante*, publicado pela Editora Brasiliense, de São Paulo, em 1981.

sobre a pesquisa e de treinamento do pessoal que iria trabalhar diretamente nela, ficou decidida que seria uma ampla pesquisa através de um relatório bastante mais completo do que na ocasião antecedente. Ele deveria reunir dados e opiniões sobre todas as dimensões da realidade da vida cotidiana: saúde, alimentação, religião, trabalho, educação, e assim por diante. O questionário foi elaborado conjuntamente e a própria elaboração já era parte do treinamento dos futuros "aplicadores". Decidimos os critérios da amostragem, isto é, das casas e das famílias às quais os questionários seriam aplicados. Debatemos temas e criamos procedimentos.

As pessoas das diferentes comunidades retornaram a elas com vários exemplares dos questionários. Eles foram aplicados e reunidos junto à Equipe de Coordenação. Em um outro amplo encontro no Centro de Treinamento, meses mais tarde, preparamos os questionários para a sua tabulação na Universidade Católica de Goiás, nossa parceira na pesquisa. Quando os questionários foram tabulados e os seus quadros organizados em quadros e tabelas, uma outra grande reunião foi convocada. Decidimos os termos da "análise dos dados" e a equipe delegada para isso. Essa equipe trabalhou intensamente e todo o resultado da pesquisa — que tomou o nome de "Condições de vida e situação de trabalho do povo de Goiás" — foi escrito em oito cadernos. Eles formaram uma série distribuída de volta a pessoas e a comunidades participantes.

Durante muito tempo os dados e as reflexões coletivas serviram como uma base para um conhecimento mais confiável e abrangente a respeito da realidade da vida cotidiana das pessoas e das famílias das comunidades populares das diversas regiões da Diocese de Goiás.

Assim foi e assim procedemos durante vários anos. Nosso objetivo não era apenas a obtenção de "dados de pesquisa", mas muito mais. Tantas vezes usada no Brasil mais para ocultar do que para desvelar o retrato verdadeiro de quem somos e de como vivemos, a pesquisa foi pensada como um instrumento de diálogo. Como um canal de comunicação entre pessoas diferentes quanto ao saber que possuíam, mas nunca desiguais deste ponto de vista, durante o próprio processo de elaboração, realização e interpretação, e ao longo de todos os usos que eram dados aos "relatórios de pesquisa". Pensamos também na prática de uma tal forma de criação de conhecimentos novos e críticos sobre a vida que vivíamos e o mundo de teias e de tramas sociais, econômicas e políticas como um instrumento de aprendizado. De um lado e do outro aprendíamos todas e todos. Não apenas a respeito de uma "realidade social", mas também sobre a própria experiência do diálogo entre pessoas e entre culturas.

Tornamos a pesquisa científica sobre a realidade social uma forma de trabalho popular assessorada. No limite, o nosso sonho era o de que esse instrumento de trabalho, tão erudito e tão a serviço de grupos e de instituições hegemônicas, pudesse ser uma prática a mais conquistada pelas pessoas do povo e posta a seu serviço.

Uma das melhores traduções desse ideal poderia ser a das palavras de Dom Tomás na apresentação do primeiro caderno da pesquisa aqui relatada. Ele diz assim:

> Precisávamos de um retrato de nossa realidade. Carecíamos de algo que fosse mais atual do que a pesquisa de 1970 e mais exato do que nossas leituras de amadores. Há uma inelutável exigência inerente ao engajamento da nossa Pastoral no sentido do acerto e da eficácia naquilo que entendemos como o que a Igreja faz, como o específico dela, o que ela ajuda supletivamente e o que apóia nas organizações populares autônomas.
>
> Agora, cabe a nós, membros desta Igreja, assumir esta nova ferramenta de serviço ao povo. Cabe-o às Equipes diocesanas de serviços religiosos e promocionais, às Equipes municipais e regionais, à Coordenação diocesana e à própria Assembléia diocesana[2].

CAMPINAS, 5 DE AGOSTO DE 2002

---

2. "Apresentação" de Dom Tomás Balduino ao Caderno 1 da pesquisa "Condições de vida e situação de trabalho do povo de Goiás", UCG/Diocese de Goiás, Goiânia, s/d.

TEXTOS DE DOM TOMÁS

# CIMI: ÍNDIO COMO SUJEITO ABSOLUTO DE SUA HISTÓRIA

MARCHA DOS SEM-TERRA A BRASÍLIA CELEBRANDO UM ANO DO MASSACRE EM ELDORADO DOS CARAJÁS – PA

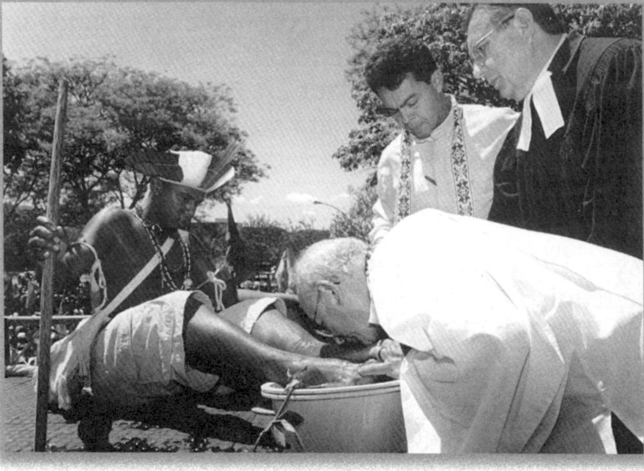

DOM TOMÁS BEIJA OS PÉS DOS PARTICIPANTES – 1997

Esta entrevista, publicada no jornal *Voz do Paraná*, de Curitiba, em 27 de março de 1977, mostra a coerência e a firmeza das posições de Dom Tomás em relação à causa indígena. A história já testemunha o valor decisivo da luta de Dom Tomás em favor das organizações autônomas dos povos indígenas brasileiros.

VOZ DO PARANÁ — *Quais foram as condições, qual foi o momento histórico que levou os missionários a uma busca de renovação no sentido de dar assistência mais adequada aos índios?*

DOM TOMÁS BALDUINO, BISPO DE GOIÁS VELHO E PRESIDENTE DO CIMI — Salesianos, franciscanos, jesuítas, dominicanos, redentoristas etc. começaram a querer, digamos, se situar, depois do Concílio. Os problemas eram numerosos e urgentes. Problemas da própria atuação dos missionários, relacionados ao todo que ocorria na Igreja. Eles estavam "por fora", desatualizados. Problemas com as fronteiras, início da ocupação da Amazônia, e questões internas, da própria estrutura eclesiástica, seja de religiosos com seus superiores maiores, seja de todos os agentes de pastoral, em especial a indigenista, com os prelados. Neste aspecto específico dos prelados, havia uma grande insatisfação, porque o setor indigenista era de última prioridade. Ficava relegado lá para as horas vagas. E o prelado às vezes aparecia perante a opinião pública, tanto aqui no Sul como no litoral, como um prelado índio recebendo os favores que merecia alguém que vinha lá das selvas. Na Europa idem, mais ainda, e com maior razão. Então conseguia certa ajuda material, e o sertanejo brasileiro era atendido, porque era mais numeroso. Assim, a nossa responsabilidade era estar onde havia mais gente. Não havia a menor atenção para o problema da opressão das minorias massacradas. Isso aí era secundário.

VP — *E quando essas tendências começaram a se modificar?*

DOM TOMÁS — Diante dessa problemática, os missionários começaram a se reunir. O ponto de encontro deles, por incrível que pareça, era São Paulo ou Rio. Eu lembro que naquela época estava no Araguaia, vizinho a Altamira e outros locais, e sempre tinha reuniões no Rio ou em são Paulo. Era muito mais cômodo e fácil do que convocar um encontro, digamos, no Xingu. Todos os caminhos levavam a uma grande capital, como São Paulo, ali se faziam encontros para debater essa problemática. Foram feitos vários deles, sempre ressaltando imensos problemas, os mesmos, e procurando pistas de saída. Num desses encontros em São Paulo, se não me engano em 1969, no Morumbi, eu estava presente, os missionários resolveram fazer um pedido oficial à Santa Sé, através da Nunciatura Apostólica, para a criação de prelados para índios. Assim como havia prelazias territoriais, paralelamente a elas haveria a atuação de prelados bispos, para os índios. Houve equipes reunidas para estudar a possibilidade da criação desses prelados, e depois eu soube que o primeiro seria eu. Depois de vários estudos, a turma achou (e aqui eu faço até uma blaguezinha) que não seria muito conveniente essa estória de prelados para índios, porque não passariam de "prelados pelados". Mais pelados do que os índios, porque teriam que pedir licença para atuar em certas áreas já divididas de outra forma. Haveria, certamente, choque de jurisdições.

VP — *Abandonada esta idéia, qual foi a solução encontrada?*

Dom Tomás — A coisa foi indo até que, em 1972, convocados pela CNBB — Conferência Nacional dos Bispos do Brasil —, os missionários se reuniram em Brasília. Ali, estudando a realidade, a nossa responsabilidade de Igreja com relação aos índios naquele momento, chegou-se à criação de um instrumental. Em vez de apelar para a Santa Sé, buscaram-se caminhos próprios, com o que se tinha em mãos. Em vez de reunir os missionários entre si, para a busca de caminhos, criou-se, em forma de conselho, o CIMI — Conselho Indigenista Missionário. Na ocasião, quando ficou determinado quem seria presidente, vice etc., eu estava lá, levado por Dom Pedro Casaldáliga (*bispo de São Félix do Araguaia*), e fiquei como conselheiro.

VP — *Como foi o início da atuação do CIMI?*

Dom Tomás — No início, o pessoal estava muito entusiasmado. Começamos a nos reunir ora numa cidade, ora noutra. Lembro-me de que houve desses encontros em Campo Grande, Cuiabá e outras. Houve muito empenho no trabalho, e começamos a discutir emendas ao anteprojeto do Estatuto do Índio, que estava sendo elaborado. Esse foi o começo, mas logo em seguida percebeu-se que o Conselho, apesar de bom, estava incompleto. O pessoal soube que havia sido criado um Conselho, e chegava a Brasília com problemas de índios, de missões, de choques com a FUNAI — Fundação Nacional do Índio. Chegavam lá, para consulta ao Conselho, e não encontravam quem quer que fosse. Os conselheiros eram pessoas que de vez em quando se reuniam e depois voltavam para suas casas. Havia um grande vazio entre uma reunião e outra. Se quem tinha críticas, problemas, sugestões, chegava a Brasília durante uma reunião do CIMI, a questão era vista e talvez até encaminhada. Diante do problema, criou-se, numa assembléia da CNBB em São Paulo, o Secretariado do CIMI. Através do Secretariado começou-se um planejamento, e uma série de visitas esporádicas às áreas. Aí começou o dinamismo do CIMI.

Digo tudo isso para mostrar como foi o CIMI em seu início. Com o tempo, e uma atuação mais concreta, começaram também para o CIMI os conflitos, as dificuldades. Esses conflitos eram de duas naturezas: primeiro, os internos, de dentro das próprias prelazias. Isso é natural, porque todo bispo (e eu também o sou) gosta das coisas em ordem, nos devidos lugares, nas prelazias. Quando o missionário começa a se reunir, a questionar, a colocar o problema político dentro de um trabalho pastoral, a perceber que naquele grupo tribal a sua responsabilidade não pode se limitar apenas àquela visão salvacionista, tem que levar em conta o fato de ser manipulado por interesses econômicos, aí a coisa começa a crescer, *a virar essa e aquela influência*. E o missionário nem sempre foi bem recebido. Aquele super-homem barbudo, o missionário de antigamente, embrenhado nas selvas, agora é obrigado a se ver a braços com problemas de toda a natureza. E a fazer uma análise da realidade, para poder estar à altura de servir grupos indígenas. Um esforço evidentemente técnico, uma insatisfação gerada como conseqüência. E o culpado disso é o CIMI, não é? O culpado daquela opressão é o CIMI. Mas enquanto o CIMI não descobriu aquela opressão não existia opressão!

Além do mais, outro conflito foi o fato de os missionários se reunirem sempre, debaterem os problemas e solicitarem maior atenção dos bispos. Eu lembro que, numa assembléia que promovemos na Amazônia, foi incluído um Encontro de Índios. Começou a aparecer insatisfação, gerada em relação ao órgão de assistência ao índio. Pouco a pouco foi se afirmando uma presença atuante de outro instrumental, com relação à política oficial. E o conflito se fazia bem claro, porque enquanto esses missionários estavam promovendo o índio, fazendo com que ele assumisse o seu destino, fosse sujeito autônomo e destinatário, via-se na política oficial uma fachada de assistência, mas o índio não passava de um estorvo. Inclusive o general Bandeira de Melo afirmou que "o índio não pode impedir o progresso". No sentido de que, se uma estrada a ser aberta tivesse que passar por uma aldeia indígena, os índios que se danassem! A estrada é sinal de progresso. Além do mais, este órgão está ligado ao Ministério do Interior. Ministério que está ligado com outros órgãos, SUDAM, SUDENE e SUDEPE. E depois também há o INCRA — Instituto Nacional de Colonização e Reforma Agrária —, ligado ao Ministério da Agricultura, para a implantação dos grandes complexos agropecuários na Amazônia. Como aqueles projetos de impacto do governo Médici (que foram um desastre), que iriam trazer um povo muito distante para as áreas, e sem nenhum problema para a economia nacional! Houve então essa divergência profunda, política mesmo, entre o instrumento da Igreja e o outro, estatal.

VP — *Como se posicionou exatamente o CIMI diante dessa problemática?*

Dom Tomás — Bom, com isso nós fomos... caminhando! Em 1975 o CIMI realizou uma Assembléia para rediscutir as metas, os objetivos, planejar o trabalho, e fazer com que o índio, ligado à terra, passasse a ser o sujeito de seu destino, e não o objeto. Porque em tudo o que se fala a respeito do índio, de tudo o que se deliberou a seu respeito desde que o Brasil é Brasil, ele próprio não participou. Ele é tratado como coisa. Além do mais, a legislação o coloca na condição de menor, porque ele é tutelado, está sob o regime de tutela. Inclusive no Estatuto nós pedimos a retirada desse artigo. Porque se aceita que um garoto esteja na condição de tutelado. Isso já não pode ocorrer quando se trata de um adulto, do chefe, digamos, de uma tribo. Não pode ser tutelado alguém que está na posição de comando de um povo. Só se pode entender um adulto na condição de tutelado se ele for um mentecapto, não é? Um débil mental! As propostas do CIMI são, entre outras, a da autodeterminação do índio e a da sua participação no todo. Ou seja, uma política aberta, não só da Igreja, mas também dos intelectuais, dos estudantes, do povo. Que todas as forças vivas do povo possam participar do processo, para que ele não seja de laboratório oficial, a portas fechadas, sob a censura oficial. Não, é um negócio aberto. Porque, afinal de contas, há um povo que vai se integrando à nossa comunhão, e que vem trazendo uma colaboração, nos jornais e de outras formas!

VP — *Qual a forma, digamos, geográfica de atuação do CIMI?*

DOM TOMÁS — Com a sua participação missionária em seis regiões brasileiras (Sul, Centro-Oeste, Extremo Oeste, Norte, Centro-Norte), promovendo assembléias, com coordenações regionais por elementos integrados liberados apenas para isto, o CIMI cresceu. A Igreja como um todo começou a procurar caminhos, a ficar bem mais aberta depois do Concílio. Houve também certa mudança no entendimento das "logias". Hoje ninguém entende mais uma antropologia, ou qualquer outra "logia", a não ser que seja engajada. Percebe-se, quando se está estudando, que há ligações da ordem de opressor a oprimido, e se tem que tomar partido de um lado ou de outro. Com tudo isso, repito, o Conselho cresceu e começou realmente, na prática, a se dedicar à causa indigenista. Desenvolveu-se e tomou dimensões grandes. Motivou a opinião pública, e aí entrou em cena a CNBB. Houve o documento "Pastoral do povo de Deus", e toda a repercussão, gente que se perguntava o que tinha a Igreja que se meter em assuntos tidos como à parte de sua área, e "cadê o espiritual?", e as declarações posteriores, e por aí afora.

VP — *Como foi para o Conselho a reunião de Itaici?*

DOM TOMÁS — O CIMI não pode se dar ao luxo de ser um conselho missionário de idealistas e aventureiros! Com a ligação do CIMI à CNBB, ele será fortalecido. É preciso que haja um compromisso da Igreja como um todo, e não uma passagem apenas, uma burocratização do Conselho. A missão se coloca diante da realidade que está aí, para ser desenvolvida em profundidade, e com renovação constante.

VP — *O CIMI trabalha com o índio, e tem como principal problema a retomada das suas terras, por uma questão de sobrevivência. A posse da terra para o índio parece que é fundamental. Por outro lado, essas terras, que eram de reservas de índios, hoje estão tomadas também por posseiros, ou seja, famílias que se utilizam delas para trabalhar e sobreviver. Como o CIMI atua e trabalha em relação ao posseiro dessa área?*

Dom Tomás — Em conjunto. Naquela reunião que fizemos com o general Ismarth, depois do caso do Rodolfo, em Merure, eu falei claramente que se precisava levar em consideração os posseiros, e que o CIMI fazia questão disso. Porque o que ficou claro é que todo mundo seria botado para fora, indiscriminadamente. É diferente o tratamento que se deve dar a um posseiro e a um fazendeiro. Porque ali, no caso, os fazendeiros é que tinham alertado os posseiros para irem contra os padres e a missão. Muitas vezes a FUNAI mistura fazendeiro e posseiro. Na reserva Tapirapé há doze posseiros. A verdade é que a área tem uma dona, que hoje tem área maior que a dos índios, com a sua Companhia ali instalada. Muitas vezes uma única pessoa é o fazendeiro em questão. Estou cansado de ver casais sem filhos (e que nem têm coragem de adotar um) nesta condição. E tomam a terra. Tem a cobertura da lei, a propriedade é sua, particular. Então o CIMI está muito ligado ao posseiro.

VP — *Dom Tomás, como o senhor coloca o relacionamento CIMI–governo atualmente?*

Dom Tomás — De momento parece que o relacionamento piorou. Mas eu acho que, com a fusão CIMI–CNBB, é possível se chegar a um ponto comum. Eu insisto muito com a Funai sobre esta política aberta, a que já me referi.

VP — *O ministro do Interior, Rangel Reis, afirmou que "a política indigenista brasileira visa dar oportunidade ao índio para que ele vá perdendo gradativamente o seu estado primitivo". Do ponto de vista da Igreja, vendo esta "política indigenista brasileira", como ficará o índio? Como perderá gradativamente o seu estado primitivo? Ele se integrará à produção industrial, ficará como atração turística, ficará ou não na reserva, será um bóia-fria?*

Dom Tomás — Essa integração é vista um pouco do nosso lado, um pouquinho interessado. Porque a nossa população, o pessoal que sabe falar, que sabe ler e escrever, é marginal. Agora o índio, primitivo, ou dito primitivo, onde é que vai se integrar? Em qual *status* da pirâmide? Eu acho que é a marginalização! O que a gente pretende, numa hora dessas, é que se dê ao índio uma oportunidade. A gente programa: o índio vai se integrar, o índio vai ficar aqui, ali. Pergunte-se a ele onde é que ele quer ficar! Isso é que eles não fazem.

VP — *Completando a pergunta anterior sobre o problema de posse de terras (índios e posseiros): quem teria mais direitos, do ponto de vista legal: o índio, através do que lhe assegura o Estatuto, ou o posseiro (não o fazendeiro), que possui títulos de propriedade?*

DOM TOMÁS — O índio. Porque foi o primeiro a ocupar as terras. O índio integrado à terra se liga a toda uma constelação, aos seus antepassados, a toda uma religião, a uma vivência, a toda uma visão de mundo. Agora, de um ponto de vista mais concreto, a legislação específica atribui ao índio não apenas aquele módulo, mas toda uma área da qual ele sobrevive. Onde ele respira! Há contradições: o Ministério do Interior tem a FUNAI, que defende o índio, mas tem também a SUDAM, para a ocupação produtiva da Amazônia. A área de roças do Tapirapé está fecundada que é uma beleza. A própria SUDAM delegou uma área de matas ali, para ser a reserva Tapiraguaia. Vai ser aprovado um projeto que determina uma reserva de matas. E agora a FUNAI, também do Ministério do Interior, nem sabe como entrar na área. Através de processo, mas é muito demorado! É muito demorado e é contraditório! É um processo contra si mesma! É como alguém se autoprocessar! É como você mover um processo contra si próprio, para conseguir aquilo que você mesmo quer!

VP — *Como fica, após a junção, o missionário que atua pelo CIMI?*

DOM TOMÁS — Mantemos a esperança, que é a última que morre. De maneira que, nesse nível, diante de toda a situação e do clima criado, estamos caminhando, buscando acertar os ponteiros e esclarecendo o trabalho indigenista. Na área indigenista há muitos grupos, procedentes da América do Norte, de corrente protestante, que não são filiados como nós, mas que atendem a encontros para uma ação coesa. Às vezes há dificuldades para que se consiga isso. O que se faz não é um mar de rosas, num clima de segurança total, mas não deixa de ser um caminho. Eu acho que, com persistência e esperança, conseguiremos fazer alguma coisa de mais concreto e produtivo para o índio, num trabalho realmente engajado.

# Parte 4

# Diálogo com Dom Tomás

# Dom Tomás: bispo cidadão do mundo

Dom Tomás em entrevista

Marcelo: *Tomás, estamos chegando à quarta e última parte da nossa conversa. Será marcada pelo momento que estamos vivendo no mundo, que é um momento, de um lado, de globalização neoliberal extremamente excludente das grandes massas e da população do mundo, os pobres; mas é, ao mesmo tempo, também uma época em que sentimos um apelo de Deus para uma mundialidade, para uma visão em que assumamos a humanidade como coisa nossa, e não só a humanidade, até o Universo. E você, desde o começo do seu ministério de bispo em Goiás, tem sido um bispo e um profeta do mundo. Daquele grupo de bispos do Dom Hélder, do meu*

Profeta da Comunicação

*querido Dom Hélder Câmara, que dizíamos sempre cidadão do mundo. E é importante conversar sobre isso, até por princípio eclesiológico: o Concílio Vaticano II diz que o bispo não é apenas o bispo da sua Diocese; ele pertence ao colégio episcopal, quer dizer, o colégio dos apóstolos, que, como tal, tem uma responsabilidade pela Igreja do mundo inteiro. Então, o ministério do bispo não é apenas local, embora muitos bispos hoje em dia tenham voltado a essa concepção meio restrita, meio mesquinha do ministério. Você, já no começo do seu ministério em Goiás, por exemplo, talvez tenha sido o primeiro bispo que começou a realizar na Europa tarefas como pregar campanhas de quaresma no CCFD; você fez isso muitas vezes, e depois outros fizeram, até eu mesmo, que não sou bispo, já fiz uma vez ou outra. Como é que foi isso, como é que começou?*

DOM TOMÁS: Bem, isso a gente fez religiosamente como sendo, como você diz, ministério do bispo, que, historicamente, foi sempre muito além dos limites geográficos da Diocese. É isso que nos dá a liberdade, e que a gente tem que conquistar cada vez indo a outra Diocese, como indo a outra parte do mundo. Agora, a coisa foi também crescendo em consciência e em articulação, saindo do Brasil.

Vamos falar diretamente da Europa, em que, com o estímulo do papa João XXIII e depois de Paulo VI, das Igrejas de lá, começa uma ajuda às Igrejas daqui, em termos de arrecadar fundos para o desenvolvimento ou até mesmo para a pastoral. Houve uma resposta imediata, satisfatória, das diversas comunidades católicas e também protestantes, na mesma linha, estabelecendo aí uma espécie de ponte, uma ligação. Tinha gente ligada à CPT, e também ao CIMI, como você disse, convidada por essas entidades para sensibilizar as comunidades na época da Quaresma ou em outros momentos próprios do calendário delas na linha daquilo que se esperava disso. Foi um tempo muito rico de comunhão e afinidade com essas comunidades generosas, de gente simples, pois, contrariamente ao que se pensa, o dinheiro de lá não é arrecadado entre os ricos, os grandes ricos; é o mesmo fenômeno daqui: é gente que faz isso numa forma muito generosa de dom de si. Isso abriu o caminho para o passo seguinte: está certo ajudar os pobres da América Latina, como era a proposta inicial desse projeto de desenvolvimento de áreas indígenas — sempre houve apoio às missões indígenas —, e depois às áreas camponesas, reforma agrária etc.; mas, pouco a pouco, ao detectar uma visão um tanto colonialista ou paternalista, começamos uma reflexão como contribuição nossa a esses diversos grupos, tanto às direções como às comunidades, em entrevistas coletivas, do seguinte: a gente está convencido, no Brasil, não só nós da Igreja, mas os próprios índios, os próprios camponeses, de que não haverá solução para os nossos problemas enquanto não for dado algum passo para o enfrentamento dessa desordem internacional. Foi, e é, um questionamento quase novo para eles, até hoje. A gente vê companheiros muito solidários, mas na hora em que se fala em tocar naquelas estruturas de lá eles ficam um pouco chocados. Toda a equipe que está à frente dos diversos projetos que apóiam a CPT levou um susto quando propusemos a eles direcionar o trabalho de lá: em vez de ser só de arrecadação de fundos, que fosse também o de questionar as estruturas. Já há grupos que fazem isso de uma forma sistemática.

Esse processo está em andamento com muita dificuldade, mas, por outro lado, a gente já vai encontrando grupos que estão caminhando, numa caminhada nova no sentido de perceberem que, seguindo a proposta neoliberal, consumista, de esgotamento da terra, a ameaça não é para cá, para o terceiro mundo; a ameaça é para lá também. Essa globalização nos dá a consciência de estarmos dentro da mesma canoa, tanto o Norte como o Sul.

Agora, para nós, a Europa é um ponto interessante para provocar essa consciência: por causa da cultura, é de onde veio a colônia, de onde veio a dominação, de onde veio também a religião. E existe uma missão de retorno: os missionários, que vieram de lá pelo projeto Fidei Donum — o Dom da Fé —, proposto pelo papa João XXIII e que continua até hoje, estão voltando e, ao se encontrarem com suas famílias, com a sociedade lá, com as paróquias, levam esse fermento, essa boa nova. A gente encontra diversos grupos, independentemente até da Igreja, que estão nesse caminho.

Foi o que gerou o Fórum Social Mundial, em Porto Alegre, que está crescendo. Nós estamos vendo essa coisa nascer e crescer de pouco tempo para cá. Eram grupos que, antes, enfrentavam esse negócio do FMI, os encontros dos grandes, questionando, criando caso, e caso até de polícia, jogando-se contra aqueles centros de convenções que eles usavam para decidir a sorte do mundo. Agora estão noutra, estão noutra muito melhor; quer dizer, não é só dizer não a esse monstro que está aí, internacional, mas criar alternativas. Em Porto Alegre, dentro desse pluralismo imenso, há um consenso do mesmo tamanho no sentido do novo. É onde nós nos encontramos, é onde se realiza concretamente essa expectativa.

E eu devo dizer que a Igreja tem participado, CPT, CIMI, CÁRITAS, os grupos mais avançados, também os nossos bispos, através desses instrumentos. Mas o FSM já é uma bandeira dos movimentos populares que estão lá, conhecidos lá. Já desde o tempo das primeiras assembléias de chefes indígenas, havia yanomami que saiu rodando pelo mundo, cobrando determinadas coisas, direitos; estavam recém-saindo do isolamento da mata, mas já começavam a entender. Então os que moram nas cidades, que estudam, que fazem universidade, só não entendem porque não querem. Se o índio está entendendo que essa globalização está interferindo de uma maneira negativa no nosso futuro e pode liquidar definitivamente com a vida na Terra, imagina se nós não entendemos.

Então, é nesse sentido que se caminha: eu acho indispensável essa dimensão global da nossa presença, da nossa atuação, e agora, como eu disse ultimamente, estimulados pelas próprias organizações das nossas bases populares.

Revi: *Dom Tomás, desde o início do seu ministério o senhor se envolveu na mudança da sociedade e defendeu que fé e política se ligam. Como foi que o senhor evoluiu nesse campo?*

Dom Tomás: Eu me coloco aí também junto com todo um grupo preocupado com a dimensão política da fé. Desde o começo a gente vem batalhando, mostrando para o pessoal a responsabilidade política de quem tem fé, sabendo que aqueles que procuraram separar, isolar a política como uma coisa nefasta, estavam eles também fazendo política, só que a política da conivência, a política da omissão, a política de não incomodar o opressor. Hoje, fé e política já começam ter um direito de cidadania na nossa caminhada social brasileira. Os encontros nacionais de fé e política estão mostrando como o povo está ansioso por clarear muita coisa, sobretudo devido à urgência da problemática. Enquanto estamos aqui trabalhando esses conceitos, eles já estão preparando a ALCA, por exemplo, para a América Latina. Ela é um conjunto de convênios, de acordos internacionais em que o povo não é consultado, e de repente você se encontra dentro de uma malha inclusive jurídica que obriga, por tribunais aos quais eles se interligam, a cumprir esse projeto de morte que é o mercado: transformar tudo, a prioridade de tudo, em mercado.

Torna-se urgente, por isso, essa preocupação com fé e política, que é um estudo, um aprofundamento, tanto do ponto de vista da fé como do ponto de vista da política, das suas contradições, e daquilo que está a elas ligado, como o poder, a educação, a saúde etc. Tudo isso é ligado à política, como também ao dado da fé, recuperando a profecia, recuperando a atitude de Jesus, que lidou com César, que falou dos governantes, dos poderosos, que são considerados os benfeitores, mas oprimem; envolveu-se com a mulher, com a discriminada, com os famintos e com toda uma sociedade vítima de um processo que certamente tem ligações com a política. Só não falou esse nome, que é um nome moderno, mas a realidade da boa nova incluía essa dimensão, certamente.

IVO: *Você já mencionou que do lado institucional da Igreja católica a gente percebe que, para as funções eclesiásticas, há preferência por pessoas que não questionem, que não tenham uma posição mais pessoal, mais firme, de liberdade. Eu gostaria de perguntar: não só em relação aos bispos, mas olhando a missão da Igreja como um todo e dos que deveriam estar a serviço dela, o que precisaria ser mais denunciado e anunciado no mundo de hoje? O que falta na dimensão de profecia?*

DOM TOMÁS: Bem, eu penso que a denúncia do deus Dinheiro — Mamon, Mercado — está muito presente, muito viva em todos os documentos, até nos documentos atuais. O que falta, talvez, é indigitar com clareza os centros de poder deste mundo, a hegemonia e o império. Cada vez mais os agentes de pastoral falam do império norte-americano, que age através do capital, através do dinheiro que compra tudo e que garante, por exemplo, a concentração, em que há um casamento entre o institucional e o particular. Eu penso que, de mais a mais, se deveria denunciar isso e, como no caso da ALCA, a Igreja ter coragem de dizer os nomes, de dizer quem está à frente disso, dizer qual é a política que decide da guerra e dos espólios da guerra atual no mundo. Para mim, faltaria isso. Por exemplo, a própria pregação do atual papa é, muitas vezes, genérica: não diz quem está à frente dessa guerra, quem está à frente da condução dessa política global.

IVO: *Nesse sentido, Tomás, o próprio discurso do papa, e a prática correspondente, será que não estão limitados demais por causa da mediação da representação diplomática do chamado "Estado do Vaticano"? Porque se a própria Igreja se relaciona com os países, seus governos, através de um Estado e da sua representação diplomática, como poderá fazer uma denúncia mais direta, mais concreta, mais coerente, como você está falando? Por outro lado, se isso que existe em nível institucional interfere na responsabilidade de cada cristão, não devemos encarar com seriedade o problema de o quanto essa instituição política e suas relações diplomáticas impedem a realização da nossa missão profética?*

DOM TOMÁS: Impedem introduzindo uma terrível ambigüidade: um poder, talvez, mais de manutenção do que de apoio à libertação, reforçando a manutenção do *status quo*.

MARCELO: *O papa fez, em 24 de janeiro, esse evento belíssimo, que reuniu líderes de várias religiões do mundo para orar pela paz, para dizer que a guerra não é solução. Um irmão do mosteiro, Celso, estava, por acaso, na Itália e foi para essa oração. Tudo muito bonito, tudo muito interessante, mas o que mais chamou a atenção foi que não se ouviu nenhuma palavra que dissesse: é o governo norte-americano que está fazendo essa guerra. Quer dizer, nenhuma palavra que pudesse, nem de longe, ser interpretada como uma crítica ao presidente Bush.*

Dom Tomás: Uma vez uma freira estava brigando com o núncio e, não sei, tinha mil motivos para isso, mil razões.

Ivo: *A primeira por ser mulher.* (risos)

Dom Tomás: E ser de um lugar do interior. A certa altura, o núncio perguntou: *O que é que você quer que eu faça? — Olha, ajudaria muito se acabasse com isso aí, a Nunciatura, que eu acho ser o grande obstáculo,* respondeu ela. Você tocou no ponto nevrálgico. Por que o papa não toca no governo? Porque ele também é governo. E aí se criaria uma questão diplomática que a própria diplomacia do Vaticano não aceitaria: não aceitaria que o papa fizesse isso, primeiro, sem consultá-la, e depois que fizesse pura e simplesmente. Quer dizer, isso coloca um sério problema que, talvez, iria na linha do empobrecimento, do enfraquecimento de poder, mas que seria uma riqueza fabulosa no sentido do Evangelho.

Ivo: *Eu vou apresentar mais uma questão, provocando na linha do nosso crescimento na relação entre fé e política. Eu fiquei me perguntando, nos últimos tempos, Tomás, por que será que os governos, que tanto questionam quando não há democracia num outro Estado, nunca questionam o Estado do Vaticano, que tem a forma de uma monarquia absolutamente anacrônica? No aspecto político, é uma monarquia anacrônica, não existe mais uma monarquia desse tipo. Qual seria a razão para essa conivência dos Estados em relação ao Estado do Vaticano? Eu acho que é porque o Estado do Vaticano abençoa, de alguma forma, as safadezas dos outros Estados, e não toma uma atitude corajosa como a de Jesus Cristo, denunciando as bases do poder constituído, as bases do poder "antipovo", antivida e antiuniverso que existem em todos os Estados capitalistas. Seria essa a razão?*

Dom Tomás: Eu acho que, inclusive, esse poder monárquico numa única pessoa fortalece muito o autoritarismo daqueles que enchem a boca de democracia, mas agem dessa forma. Eu acho que a profecia não é uma coisa a esperar dos Estados, mesmo porque a própria organização da ONU, que seria a organização das "Nações Unidas", não é de nações porque não entra povo, entram só os representantes burocráticos do Estado, que muitas vezes está contra o povo. Nós temos vários instrumentos, até relatórios, apresentados num curto-circuito à ONU, sem passar pelo Estado, porque se eu for passar pelos filtros do Estado só aparece a bonita imagem do auriverde pendão da esperança. (*risos*)

MARCELO: *Contrário a essa concentração de poder, a essa monarquia teocrática do Vaticano, de uma globalização também religiosa, igual à globalização socioeconômica, nós temos esse grande movimento democrático de bases, de cidadania mundial, que eclodiu no Fórum Social Mundial, nos dois eventos que já aconteceram em Porto Alegre, e que se expandirá no terceiro evento, em janeiro de 2003. Você foi um dos poucos bispos presentes no 2º FSM — mas a gente deve dizer, por uma questão de justiça, que eu não sei se uma outra conferência episcopal, que não fosse a CNBB, assumiria, de alguma maneira, dar o seu nome para o patrocínio do evento; o próprio presidente da CNBB também esteve presente, ao menos nesse segundo FSM; mas bispos, havia poucos. Seria bom se perguntar se não está aí o desafio para uma inserção nova dos cristãos, principalmente considerando que é desafio, no sentido de que a gente tem que mexer. Você falou em tantos movimentos que a Diocese de Goiás animou, a gente falava em movimentos que a Igreja do Brasil, de certa maneira, suscitou, mas aí não, este é um movimento no qual nós entramos e outros criaram, é uma festa da qual nós devemos participar mesmo sem ser o maestro.* (risos) *Então, é um desafio maior, ou não?*

DOM TOMÁS: É, sem estar no palco.

MARCELO: *Como é que a Igreja deveria animar os cristãos a celebrar, a viver eventos como estes na dimensão de acontecimentos históricos que constroem, que testemunham o Reino de Deus?*

DOM TOMÁS: Eu participei de uma avaliação do nosso comportamento no 1º Porto Alegre, aí na CNBB. Era o encontro da CEP, da Comissão Episcopal de Pastoral, e a CPT participa, na medida em que pode, para levar a nossa contribuição. Entrei na avaliação dizendo que aquele momento, para mim e em si, era tão importante como o Vaticano II, como pentecostes, Porto Alegre. E mesmo o que a gente aprendeu de Vaticano II, que não aconteceu apenas dentro da Igreja, foi que se tratou de um evento mundial, quer dizer, muito além da realidade de Igreja. Achar que o Vaticano II foi só na Igreja é uma falsa interpretação. Assim, Porto Alegre foi para nós um momento de pentecostes. Isso nos leva à seguinte conclusão: é melhor para a Igreja estar presente em pentecostes do que só num evento semelhante ao Vaticano II. Eu acho que quem foi lá não foi com o intuito, agora, de querer ser protagonista, ou de dirigir a orquestra; não, de jeito nenhum. Estiveram numa posição muito correta, de respeito, de reconhecimento de uma força nova no mundo e de vontade de prestar alguma colaboração. Mesmo porque, isso que nós sentimos aqui, a partir das nossas comunidades de base, é a eclosão, a emergência, de diversas organizações populares que hoje já nos interpelam. E nós somos, de certa maneira, evangelizados por elas. Se a Igreja perdeu a força, a capacidade de evangelizar, pelo retrocesso que se deu dentro dela, ela é obrigada a receber essa boa nova a partir das próprias organizações leigas e populares. Porto Alegre está um pouco nessa linha.

IVO: *Que coisa bonita! Nos últimos tempos, na minha fraca experiência de espiritualidade, tenho refletido muito em Jesus como leigo, como alguém que se negou a qualquer forma institucional de serviço religioso, digamos assim. Ele quis ficar totalmente livre. Constituiu comunidades de livres. Eu acho que é por aí: só quem está na posição de liberdade assim pode celebrar, pode viver a alegria de dizer: veja que anúncio Deus nos faz através desse acontecimento. Quem, ao contrário, se coloca na forma do poder diz: eu não aprovei isso, isso não fui eu que organizei, isso não pode, então, ser anúncio de Deus. Quer dizer, nós vivemos, eu acho, o tempo dessa contradição entre a pretensão institucionalizada de controle da iniciativa de Deus na humanidade e o crescimento de anúncios da liberdade de Deus agindo na humanidade. Então, eu queria perguntar, Tomás: você, que está com uma riqueza e uma densidade de quase 80 anos de vida e tantos anos de dedicação episcopal e dedicação como pessoa dentro da Igreja, poderia dizer quais são os maiores desafios e as maiores possibilidades para a Igreja católica a serviço da humanidade?*

DOM TOMÁS: Para mim, vai muito na linha do Reino: a Igreja se converter, converter-se do institucional, da identidade, assim vamos dizer, clerical e mais cultual, mais na linha sacerdotal, no sentido mesmo do sacerdócio, entendido como um serviço ao culto, para se perder, por assim dizer, nesse mundo do Reino, no universo do Reino. Eu acho que o Vaticano II, abrindo essa perspectiva de povo, povo de Deus — que você pode querer identificar como povo eclesiástico, a própria Igreja —, abre exatamente numa perspectiva que se perde na realidade do mundo e da humanidade, na realidade até cósmica. Eu acho que seria uma bênção de Deus para a Igreja o dia em que o pessoal começasse a dar graças a Deus porque Deus se lembrou do seu povo dessa forma, com essa presença concreta, porque nós somos humanos, nós precisamos dum mínimo de relação entre nós, de modo a dialogarmos e nos entendermos; até na hora da celebração precisamos disso.

MARCELO: *Você assinou uma petição ao papa para abrir um processo para a realização de um novo concílio ecumênico, um processo conciliar, junto com vários bispos e outros cristãos do mundo inteiro, e eu também assinei, mas há teólogos contestando, dizendo que nem se pôs em prática o Concílio Vaticano II e não seria hora de começar um concílio novo. O que você acha?*

DOM TOMÁS: Eu até não tiro a razão desses teólogos, porque eu mesmo, que assinei, e vou dizer porque assinei, de vez em quando fico receoso de abrir um Concílio Vaticano III, por exemplo, agora.

MARCELO: *E ninguém está querendo.* (risos) *Acho que se poderia criar uma nova forma de concílio, verdadeiramente ecumênica.*

DOM TOMÁS: Porque houve um momento favorável a essa celebração, muito questionado pela Cúria, que foi essa loucura de João XXIII. Hoje é totalmente diferente. Então, um concílio voltaria a Trento, teria a possibilidade de consolidar as posições do Concílio de Trento. Aliás, dentro do próprio Vaticano II nós já tivemos atos...

MARCELO: *É por isso que nós estamos falando de um processo conciliar, de uma consulta ampla, e não de um concílio.*

DOM TOMÁS: Um processo, aí sim, nesse sentido, uma consulta ampla, uma abertura para a participação, assim como Porto Alegre. Não é mundial? Porto Alegre não é plural? De um pluralismo até que assusta o pessoal, muita gente não está acostumada com isso.

MARCELO: *Um Fórum Social das Igrejas.*

DOM TOMÁS: O Fórum Social das Igrejas, desse jeito.

IVO: *Se soubéssemos aprender...*

DOM TOMÁS: Pois é, e teria tanta coisa, tanta riqueza e tanto consenso, talvez muito mais do que um Fórum Social Mundial — um Fórum Mundial de Igrejas. Nesse sentido nós devemos subscrever e rezar a Deus, ao Espírito de Deus, porque nós, assim como São Paulo diz que a gente não deve entristecer o Espírito, devemos tentar um passo a mais, colaborar com o Espírito para que ele venha, para que o mundo se alegre com a presença dele.

MARCELO: *É muito importante isso que você falou, de levar esse processo conciliar numa linha de sínodo e até de um Fórum de Igrejas. E é claro que é processo, exatamente porque ele deve ser vivido no dia-a-dia, e não apenas em encontros importantes, em congressos, em eventos extraordinários, é mesmo a maneira de a caminhada realizar-se. E é muito urgente, porque a gente sente que é uma das coisas que falta em nossa Igreja hoje, principalmente na Igreja católica romana: esse tipo de solidariedade entre as Igrejas locais. Na década de 1970 havia projetos como Igrejas Irmãs, havia uma série de jeitos de as Igrejas se apoiarem. Como, você, por exemplo, como bispo em Goiás, membro do Secretariado Internacional Dom Oscar Romero, cuidando de toda a América Latina. Dom Pedro Casaldáliga decidiu-se responsável por uma caminhada de Igreja muito mais ampla. Toda a responsabilidade de vocês, por exemplo, com as comunidades cristãs populares da Nicarágua. Quantas vezes, por exemplo, uma Diocese como Goiás no seu tempo assumiu, encardinou, como se diz na linguagem eclesiástica, quer dizer, colocou como sendo da Igreja, aqui, padres perseguidos, marginalizados por bispos autoritários, repressores, em Igrejas locais onde eles não poderiam viver aquela opção de uma solidarie-*

*dade maior ao povo. E hoje parece que falta isso, ou estão fazendo revisões de caráter autoritário. Como é que você vê isso?*

DOM TOMÁS: Bem, isso toca vários pontos dos nossos pecados eclesiais, de favorecer a injustiça dentro das nossas estruturas. As estruturas são, muitas vezes, estruturas que matam, dentro da nossa própria Igreja. Muito fácil encurralar um companheiro, uma companheira, de maneira que ele ou ela se sinta até amaldiçoado por Deus, porque é incômodo e é rejeitado. A gente poderia ter toda uma história, vocês que têm sensibilidade histórica poderiam ver quantas vítimas há, até aqui perto de nós, desse processo. Eu até cheguei a chamar a atenção de companheiros bispos, e falar: olha, companheiro, cuidado, se você ficar assim preocupado com isso que estão carregando em cima de você, vai morrer de um ataque de apoplexia. Então, nesse sentido, a gente teve uma experiência de encardinação, o caso concreto do padre Uriel Molina, que foi jogado fora pela ordem ao mesmo tempo em que era jogado fora pela própria Diocese de Manágua.

MARCELO: *Depois de perder vários membros da família na revolução sandinista, assassinados pela ditadura de Somoza, e ele sendo um dos coordenadores de toda a formação das comunidades de base da Nicarágua.*

DOM TOMÁS: Então, eu mesmo tomei a iniciativa: não foi ele que chegou a pedir, eu ofereci a ele a encardinação na Diocese para ele continuar vivendo lá, na Nicarágua.

MARCELO: *Como padre da Diocese de Goiás.*

DOM TOMÁS: Uma encardinação simbólica, mas baseada na lei canônica, dando a ele cidadania, o direito pleno — o direito canônico tem dessas coisas. E, infelizmente, depois que deixei a Diocese, já não foi a mesma aceitação. Os mesmos que tinham votado favoravelmente votaram contra, e Dom Eugênio abriu mão. Felizmente Dom Pedro assumiu, e continua na mesma forma de uma encardinação simbólica e mostrando a necessidade de uma interligação nossa, de uma solidariedade de Igreja com Igreja e até de católico com protestante, numa linha ecumênica, de maneira a garantir que esse instrumento institucional possa servir também para a libertação. Eu acredito muito nisso, nessa possibilidade; não há aí uma contradição em termos, é questão mesmo de direcionamento. Eu sempre digo que, pelo acervo de poderes dentro da Igreja, o bispo tem muito mais força para frear do que para promover. Querendo brecar, frear, ele tem instrumentos. Querendo propor uma pastoral, assim, nova, não é a mesma coisa, não tem o mesmo poder, supõe outros instrumentos e, talvez, outra inspiração, que muitas vezes não é co-dividida e participada.

IVO: *Dom Tomás, eu gostaria de retomar a experiência da Diocese de Goiás, a sua experiência pessoal, que foi também minha e de tantos outros, de termos tido a graça de conviver com um mártir vivo, o padre Chicão. Eles tentaram matá-lo com a intenção de matar você, de silenciar, nele, você e nós todos; mas ele sobreviveu e está aí junto com a gente. Então eu queria que você nos dissesse como viveu e como vive a relação com essas pessoas que dão a sua vida pelo povo, dão a sua vida por aqueles que assumem como seu próximo.*

DOM TOMÁS: Essa dimensão do martírio é importante na Igreja, não só na nossa Igreja da Goiás, mas na Igreja latino-americana. Nossa energia, nossa força. E é uma profecia que o povo entende, o dom da vida, ele entende. E nisso nós nos interligamos com a Igreja dos apóstolos e dos mártires, apóstolos que foram também mártires. Numa maneira não de fazer proselitismo interno, mas de fortalecer a causa da libertação, a causa do Reino. É aí que está o testemunho do Chicão, e coloco também aí o Nativo, o Tião da Paz e outros, não só de dentro mas de fora da Diocese, de outras áreas, como Jentel, Rodolfo Luckenbein, do CIMI, João Bosco, Josimo e tantos, e tantas, que viveram isso.

Mas o caso do Chicão é um caso típico. Desde o início, quando a gente viu que era cegueira irreversível — e ele lutou muito para voltar a enxergar; chegou até a ir a Barcelona, que é a Meca do mundo em termos de oftalmologia, conversou com o maior especialista, que olhou aquilo com muito carinho e falou: olha, não procure mais médico, você vai é perder dinheiro; a nossa expectativa é uma outra coisa, quer dizer, criar um aparelho, como os óculos, que leva a mensagem ao cérebro, porque o que enxerga na pessoa não é o olho mas é o cérebro; e ele falou: espere mais uns cinco anos. Isso já faz quantos anos? Eles estavam fazendo experiências em animais e até dizia brincando: eu não sei se a expressão do animal cego é de dor ou de outra coisa.

Bom, então o Chicão se tornou um sinal para nós na Diocese. Eu digo sempre: é o cego mais clarividente entre os padres, o cego clarividente. E ele, eu quis colocar como pároco da mesma paróquia onde ele foi ferido. E ele, espantosamente, por ele mesmo, procurou esse caminho, porque viu que o destino dele, se voltasse para a Diocese dele, era um confessionário, ou então, e isso era pior para o Chicão, ser tutelado. Não podia dar dois passos na rua sem que chegasse alguém gritando atrás dele, e ele não tolerou aquilo. Agora, ele sai, anda, vai visitar os amigos com a bengalinha, sozinho; faz isso e conduz a paróquia. Eu acho, sobretudo, que é um testemunho vivo, um mártir vivo, como você diz muito bem, e que é esse sinal de contradição da Igreja e de fora da Igreja que nos mantém, então, muito acordados para a realidade que está aí, que é profundamente contraditória. O Chicão tem dado essa contribuição, não apenas sendo pároco, mas sendo profeta, não só ali dentro da Diocese de Goiás, mas em toda a parte, no Brasil e fora do Brasil.

Revi: *Dom Tomás, quais são, hoje, as bases, os eixos da sua espiritualidade? E, de uma forma especial, o que fundamenta a sua esperança, que se manifesta de uma maneira tão forte no seu infatigável envolvimento com as lutas em busca de uma Igreja cristã e um mundo diferente?*

Dom Tomás: Quando se fala em espiritualidade, devo dizer que eu sou um eterno aprendiz. E devo muito aos meus irmãos, como o Marcelo, que está aqui... Como eu gosto de me deixar envolver por uma comunidade, assim, que leva adiante uma espiritualidade que eu gosto! Agora, eu sempre tive, na minha vida, inveja da espiritualidade do pobre, do povo, aquilo que o leva a rezar, a orar diante da imagem, a acompanhar as romarias, as celebrações, que nós, embora cristãos católicos, temos outra estrutura que atrapalha um pouco isso. Mas eu me sinto, também, ligado a essa espiritualidade do Reino. Falando de Jesus, se se quiser ir mais fundo, é uma alegria, uma exultação no envolvimento com o Pai. É tudo o que eu sei dizer.

Marcelo: *Não sei se a gente faz uma conclusão desta conversa!*

Dom Tomás: Talvez, não é? Vocês que a armaram...

Ivo: *Isso mesmo: depois do que você falou, vamos dizer uma palavra sobre esta conversa, certo?*

Marcelo: *A gente, ouvindo esse testemunho tão bonito, tão profundo, tão do coração de um pastor, um profeta como Dom Tomás, profeta da caminhada, penso que não tem como não encerrar esta conversa com um convite, com um desafio para que todo mundo que escutar, que participar disso que nós vivemos aqui, se sinta interpelado a continuar essa caminhada na vida. Uma caminhada que não se concluiu, mas que agora está entregue a cada um, a cada uma de nós. Nós devemos, num desafio novo, que é esse começo de século, de milênio, numa Igreja plenamente colocada dentro dessa situação de globalização, de tudo que a gente está vivendo aí, descobrir, ou redescobrir, uma forma nova de sermos profetas.*

Ivo: *Eu gostei em particular da palavra final do Dom Tomás, quando ele diz que, nesse campo da espiritualidade, ele é um eterno aprendiz, está sempre disposto a aprender. Eu quero testemunhar, no encerramento deste diálogo com Dom Tomás, que essa palavra é verdadeira. Eu mesmo vivi essa experiência quando fui atraído para vir, conviver e assumir com ele a missão na região do Centro-Oeste, e eu percebia que ele sempre aprendia conosco, e nós com ele. Dom Tomás é um testemunho de quem aprende, está aberto para aprender, e está também aberto para ser criativo. Pode, então, gerar coisas novas, gerar novas mediações, desencadear novos processos, colaborar com a transformação do mundo, construir o Reino. Eu queria que ficasse destacada essa dimensão da vida do Tomás e que isso significasse para nós, para mim em primeiro lugar, um convite para ser aprendiz, mas não só ser aprendiz passivo, ser aprendiz para uma ação em conjunto, com criatividade, para que nós possamos, no tempo de hoje, seguindo o exemplo de Jesus Cristo, ativar todas as potencialidades que existem em favor da humanidade.*

Revi: *Eu, neste momento, me sinto privilegiada e muito feliz de estar ouvindo Dom Tomás falar de momentos que a gente também partilhou com ele. E da fala dele a gente leva a interpelação para a vida, para viver a esperança de ainda ser útil àqueles com quem se tem simpatia e compromisso, em favor de quem a gente optou, investiu e investe a vida. Então, eu acho que esse momento com Dom Tomás é um apelo para que a gente possa partilhar essa esperança dele, essa fé e esse compromisso com a vida, com a mudança da sociedade, em que há sempre algo para ser feito.*

Ivo: *Quer falar mais alguma coisa, Dom Tomás? Abra o coração. Nós fizemos um roteiro, mas pode ser que você tenha alguma coisa, alguma dimensão que nós esquecemos.*

Marcelo: *Ou alguma mensagem que você queira deixar, para a família, para o pessoal que vai ler, para a Diocese...*

Dom Tomás: Bom, nós estamos aqui cumprindo a realização de uma surpresa. Quer dizer, eu mesmo fazendo de conta que não estou sabendo (*entre risos*); não era para saber e termino vivendo isso que acabamos de realizar. Eu dou os parabéns para vocês. Acho que a coisa está sendo feita de uma maneira muito competente e sobretudo muito fraterna, muito amiga. Isso me ajuda: eu saio daqui já com outra idéia dessa caminhada, com uma visão mais global. E tenho mais motivos de agradecer a Deus, porque não esperava muito depois de deixar a Diocese — e vocês sabem que eu deixei na mesma semana, vim embora, virei frade, como foi dito aí, deixando lá outros, porque, com a força que a gente tinha de liderança reconhecida, podia atrapalhar alguma coisa nova, ser uma espécie de contradição. Está bem, é memória. Muitos falam: faça sua memória! Escreva suas memórias! Eu não sou muito disso, a memória não ajuda muito nesse sentido. Agora, esse negócio aqui é novo, e para mim é importante: vocês me ajudaram a viver uma dimensão que eu acho que tem seu valor na Igreja, no sentido de contribuir um pouco para a mesma caminhada que a gente incitou, levado pelo Espírito de Deus; eu acho que o Espírito está aqui. E nesse sentido vai inspirar outros caminhos de outros irmãos e irmãs.

### Depoimento

# Uma pedra para o mosaico

*Pedro Tierra**

O penúltimo general baixara o "Pacote de Abril". O general Ernesto Geisel recolhia as últimas energias do regime militar para "recrudescer", como se dizia então, em vista de uma sociedade que já não escondia os gestos de insubmissão. Preparava, com o "Pacote", as salvaguardas que garantiriam a passagem da faixa presidencial, com segurança, para seu sucessor, o general Figueiredo, que encerraria o ciclo militar.

O cenário me era familiar: o Convento dos Dominicanos, de Perdizes. Uma construção vetusta, algo sombria, mas acolhedora, ladeada por uma surpreendente torre de inspiração modernista, branca, vazada, que se ergue no átrio da Igreja de S. Domingos no alto da rua Caiubi,126, quase esquina com a Cardoso de Almeida, em São Paulo. Um marco para a esquerda católica, de classe média, que ouvia ali os sermões de frei Chico, comprava e distribuía o jornal *Brasil Urgente*, de frei Josaphat, ainda antes de 1964. E, em 1969, testemunhou aterrorizada a invasão da Igreja e do convento pelos agentes do delegado Sérgio Fleury, quando era provincial frei Domingos Maia Leite, sertanejo corajoso e solidário com seus irmãos de ordem e com os perseguidos pelo regime.

Chegou de azul. Um *jeans* ao qual me habituaria nos anos seguintes de convivência. Só uma diminuta cruz no peito indicava

---

* Pedro Tierra (Hamilton Pereira) é poeta, diretor da Fundação Perseu Abramo e amigo de Dom Tomás há mais de trinta anos.

que eu estava diante de um bispo da Igreja: Dom Tomás Balduino. Os cabelos haviam abandonado a fronte socrática, morena, queimada de sol. Para ele terá sido um reencontro como tantos, com fugitivos, militantes de esquerda. Para mim, recém-saído da prisão, era um momento particular de agradecer os gestos de solidariedade recebida direta ou indiretamente ao longo dos cinco anos que cumprira. Tomás não é de efusões. Abraçou-me com a contida alegria dos sertanejos. E nos pusemos a conversar. Tomás, Airton, meu irmão dominicano que vivia ali e me abrigava por uns dias, e eu. Falamos de muitas coisas. Aquelas capazes de unir, em tempos de opressão, homens de concepções diferentes, a quem a vida ensinara uma lição tão amarga quanto fecunda: a verdade não nos pertence como uma fruta colhida, presa na palma da mão. A verdade é, antes, uma relação entre distintos olhares capazes de compor o quadro que desenhamos com nossas ações. Portanto, é mais prudente abrir o coração às brutas necessidades dos pobres e nos comprometermos com elas do que nos aferrarmos à doutrina de cada um. Penso que essa convicção preside a prática diária que norteia a vida de Tomás Balduino, e a de Pedro Casaldáliga, a quem acompanho, mesmo de longe, desde então.

Um livro coletivo como este é sempre um mosaico. Um mosaico imperfeito, como a vida. Ainda que seja a vida de um homem com a estatura de Tomás Balduino. Imagino que ninguém recolherá este fato para trazê-lo como uma pequena pedra e ajudar a compor o mosaico. O perfil deste homem votado ao serviço, como se dizia dos antigos pastores. Por isso vou oferecê-lo ao leitor: eu cumpria já o quinto ano de prisão, quando foram assassinados o Pe. Rodolfo Lukenbein, salesiano, na reserva bororo de Merure, em julho, e o Pe. João Bosco Burnier, jesuíta, em Ribeirão Bonito, em novembro de 1976. Ambos morreram em Mato Grosso, naquele momento um dos Estados em que mais havia conflitos no país. Senti-me na obrigação de manifestar minha indignação diante da brutalidade dessas mortes e a minha solidariedade a uma Igreja que vivia talvez o momento de mais profunda sintonia com a sorte e as esperanças do nosso povo em quinhentos anos de história. Escrevi uma carta ao Tomás. Não mantinha grandes expectativas de que iria recebê-la. Numa linguagem algo retórica, coerente com o discurso da esquerda naquela época... De modo inexplicável, passou pela censura do presídio. Qual não foi minha surpresa quando recebi pelo noticiário a resposta de Dom Tomás Balduino. Naquele período, os presos políticos já tínhamos acesso aos jornais.

O secretário de Segurança Pública de São Paulo, à época, o coronel Erasmo Dias, um "democrata ardente" e conhecido, tomou a liberalidade de interceptar a resposta do Tomás à minha carta e fez publicá-la nos jornais para demonstrar os estreitos vínculos entre os bispos católicos e os terroristas presos no Presídio do Barro Branco, em São Paulo.

Para não ser demasiado longo, reproduzo uma parte da carta:

> *Presídio Político de S. Paulo, 3.11.76*
>
> D. Tomás,
>
> [...]
> "É hora de martírio." Estas palavras resumem a vida e a morte do Pe. Rodolfo e do Pe. João Bosco Burnier. Todos sabemos como é longo caminhar na direção do povo. Antes de chorar a morte desses mártires é justo perguntar pela terra do povo Bororo, despojado, expulso, dizimado, porque sem essa terra virão outros mártires. É justo perguntar pela dor de três mulheres anônimas de Ribeirão Bonito, humilhadas, torturadas, brutalizadas, porque essa dor nasceu há séculos e há séculos se recompõe e renasce diariamente na vida destes pequeninos.
> Não nos deve causar espanto, a morte. Ela se tornou presente desde a hora em que o caminho desses dois missionários se fundiu à vida dos posseiros e índios do norte. Pode alguém trilhar a estrada de quem da vida só recebeu o açoite, a prisão, o sangue e sua medida, e não guardar no corpo alguma chaga? O povo há de trazer na memória a ausência de seus filhos. Isto significa que a morte se fez vida e permanecerá.
> É hora de recordar nossos mortos. Todos os nossos mortos. Os de hoje e os de sempre. Lembrar os quatrocentos

anos de massacres; lembrar o extermínio de povos inteiros; lembrar os que trouxeram o riso, a alegria infantil pelos espelhos, pelos presentes brilhantes e foram escravizados; os que perderam a caça, os rios, a terra; os que vagam pelas estradas mendigando cachaça; os que no branco açúcar dos brancos ingeriram cianureto; os que do céu receberam rajadas de morte no paralelo onze. E permaneceram calados. De nada lhes valia falar. Quem estaria disposto a ouvi-los. De resto, eles falam outra língua. Uma incompreensível língua de oprimidos.
Essa tem sido a língua do CIMI. Tem sido a sua linguagem. Incômoda e tenaz. Falar numa casa de silêncios exige coragem. A força cega se abateu e cobrou uma parcela de sangue. O sangue destes homens — porque na morte eles foram, sobretudo, homens na sua dimensão maior de entrega e abnegação — será a marca dos dias que navegamos.
De todas as dores uma nos reconforta na hora da tragédia: a consciência do sangue derramado. A opção pelos humildes — não para defendê-los como um forte defende os fracos, mas vivendo sua vida, morrendo sua morte e descobrindo na sua fraqueza a sua infinita força — foi o cerne desse sacrifício.
A consciência de que esta organização social, que faz dos homens feras e os torna capazes de tamanhos crimes, não pode oferecer aos povos indígenas do Brasil outra alternativa senão o extermínio cultural e, freqüentemente, o extermínio físico, deve servir de estímulo na árdua batalha do CIMI em defesa do direito desses povos à vida.
Receba o abraço solidário e, provisoriamente, distante.

Hamilton.

A resposta dele:

Querido Hamilton:

Um abraço. Muito obrigado por sua carta de 3 deste. Mostrei-as aos colegas daqui e à equipe lá do Cimi, em Brasília, onde estou indo cada mês, para ir quebrando os galhos que vão se multiplicando. Todos nós gostamos

> muitíssimo de sua reflexão, é um eco muito puro e autêntico do sofrimento do nosso povo, que repercute aí da forma mais cruel e sofisticada. Peço licença para publicá-la no Boletim do Cimi, sem alusão ao seu nome.
> Acaba de ser divulgado o "Comunicado Pastoral ao Povo de Deus", escrito pelos bispos reunidos na segunda quinzena de outubro, em comissão representativa no Rio, e que chamamos, também, mini-assembléia do Episcopado. Se eu lhe mandar um exemplar você recebe? Chega até suas mãos? A certa altura diz assim: *Nela inspirados (na ideologia da segurança nacional), os regimes de força, em nome da luta contra o comunismo e em favor do desenvolvimento econômico, declaram a "guerra anti-subversiva" contra todos aqueles que não concordam com a visão autoritária da organização da sociedade. O treino para esta "guerra anti-subversiva" na América Latina contra o comunismo, além de levar ao embrutecimento crescente de seus agentes, gera um novo tipo de fanatismo, um clima de violência e de medo. São sacrificadas as liberdades de pensamento e de imprensa. São supressas as liberdades individuais.* Assim aparecem outros pontos claros na análise da atual situação. Nosso povo precisa deste alimento. Ninguém aceita mais belas palavras de especialistas na diplomacia que colocam sempre a equação em termos de dois poderes, como se a Igreja fosse poder, e como se o Estado fosse o poder que o Governo se atribui.
> Adeus. Saúdo-o com muita amizade. Um afetuoso abraço, extensivo aos companheiros seus e irmãos meus.
>
> Frei Tomás.

Ali mesmo, na sala de TV do Convento de Perdizes naquele abril de 1977, Tomás me fez o convite: preciso de alguém que escreva; quero que você venha trabalhar na equipe do CIMI. Assumi, junto com Cristina, a tarefa de editar o Boletim do CIMI, em agosto daquele ano. E passei a contribuir no trabalho da Diocese de Goiás, na organização dos trabalhadores rurais que retomavam, inspirados no trabalho pastoral do Tomás, seus sindicatos.

Penso que Tomás encarna de certo modo o que de mais fiel e comprometido sua geração, no episcopado, pôde oferecer ao nosso povo. Não apenas ao pôr sua segurança em risco, transportando perseguidos políticos, como minha irmã Dagmar, no aviãozinho vermelho, o *Partenavia* que ele pilotava com maestria, mas também ao enfrentar a ira dos latifundiários, dos grileiros de terra, das oligarquias, com a serenidade, o método e a coragem de quem escolheu um lado da contradição humana: o lado dos pobres. Sem dubiedade. Inequivocamente.

Penso que é pequena a palavra do poeta diante da vida deste homem. Mas a poesia toca outras cordas, outras regiões do espírito, lida com imagem e memória para escapar aos surrados argumentos da razão. Lida com o destino que acolhemos ou recusamos. Com o destino que tecemos:

*O molde modela a renda.*
*O molde modela o dia*
*antecipando no traço*
*do arabesco rebuscado*
*a dança de cada fio.*

*Traçado no papelão*
*de uma caixa de sapatos*
*o molde anuncia a trama*
*dos caminhos infinitos*
*onde a renda se derrama.*

*Ou nessa teia de enganos*
*a vida é que se derrama*
*e vai modelando o molde*
*sobre a areia dos caminhos,*
*na casa das ventanias?*

*A vida é rendeira ou renda?*
*A vida é rendeira e renda*
*que a si mesma se trança*
*na dança de cada passo,*
*no traço de cada drama.*

## Textos de Dom Tomás

# O Deus da minha fé

Sermão proferido por Dom Tomás Balduino, na Cidade de Goiás, após a cerimônia da Descida da Cruz, na Sexta-Feira Santa de 1974. Texto inspirado em idéias de Frei Betto e adaptado para a cerimônia

Com toda a simplicidade, com toda a humildade e com toda a firmeza, nós devemos pronunciar a nossa fé, em homenagem Àquele que nos falou: "A palavra do Pai é uma resposta ao Seu Amor por nós".

O DEUS da minha fé! O DEUS da minha fé!

Não creio, primeiramente, no Deus construído à imagem e semelhança dos poderosos; nem no Deus inventado para esquecer as misérias e sofrimentos dos homens.

Não creio no Deus que está sempre ao lado dos que se acham no poder; nem no Deus que não liga para o pobre nem para o pequeno.

Não creio no Deus que dá cobertura para as ações das autoridades, só porque são autoridades.

Não creio no Deus das celebrações, inaugurações e missas oficiais sem fé; nem no Deus que é puro enfeite das paredes de nossas repartições.

Não creio no Deus em nome do qual se reprime o testemunho profético da Igreja; nem no Deus da garantia da ordem estabelecida.

Não creio no Deus que fecha os olhos à ganância dos latifundiários; nem no Deus que não enxerga a expulsão dos pequenos posseiros.

Não creio no Deus festejado pelos patrões que exploram seus empregados; nem no Deus que dá sorte aos ricos.

Não creio no Deus do Natal comercial; nem no Deus de propaganda do "Dia das Mães".

Não creio no Deus que fala por meio de horóscopo; nem no Deus do destino fatalista.

Não creio no Deus do turismo que só busca celebrações folclóricas; nem no Deus que é mero objeto das nossas tradições.

Não creio no Deus dos sermões para agradar os ouvintes; nem no Deus da religião oficial.

Não creio no Deus das missas e sacramentos sociais sem fé; nem no Deus dos casamentos sem amor.

Não creio no Deus feito de mentiras, que abençoa organização hipócrita que oprime; nem no Deus da falsa justiça que deixa o fraco mais fraco.

Não creio no Deus que marginaliza, que destrói; nem no Deus que mata o homem.

O Deus da minha fé nasceu numa gruta. Era judeu. Foi perseguido por rei estrangeiro. E caminhava pelas estradas da Palestina.

Fazia-se acompanhar por gente do seu povo. Dava pão aos que tinham fome; luz aos que viviam nas trevas; liberdade aos que estavam acorrentados; paz aos que suplicavam por justiça.

O Deus da minha fé punha o homem acima da lei e o amor no lugar das velhas tradições. Ele não tinha uma pedra para recostar a cabeça. E se confundia com os pobres. Só conheceu doutores quando estes duvidaram da Sua palavra.

Esteve com juízes só quando procuravam condená-lo. Foi visto, entre a polícia, preso.

Pisou o Palácio do governador para ser chicoteado.

O Deus da minha fé trazia uma coroa de espinhos.

Vestia uma túnica toda tecida de sangue!

Nunca teve alguém para lhe abrir a passagem, a não ser quando foi levado para o Calvário, onde morreu, entre ladrões, na Cruz.

O Deus da minha fé não é outro senão o FILHO DE MARIA, JESUS DE NAZARÉ!

Todos os dias, Ele morre crucificado pelo nosso egoísmo.

Todos os dias, Ele ressuscita pela força do nosso Amor.

Amém.

# Padre Chicão
# Profeta de um novo Céu e uma nova Terra

*Editorial do boletim* Caminhada
(ano XX, n. 138, novembro de 1987)

Com Pe. Chicão na Romaria dos Mártires

Uma das primeiras preocupações que tivemos após o atentado ao pe. Francisco Cavazzuti, o Chicão, na noite de 27 de agosto deste ano, foi anotar cuidadosamente os fatos, os depoimentos, os gestos de solidariedade, os comentários, as leituras evangélicas e políticas em torno do acontecido. É este conteúdo que agora estamos tentando apresentar nesta edição.

A queda deste nosso irmão tornou-se para nós uma inesquecível página de Evangelho. São como os Atos desta Igreja de Goiás e é por onde reconhecemos humildemente que se nos desvelou, de modo bem sensível, a predileção do Pai, apesar de nossa indignidade como pessoas e como corpo eclesial.

Na reunião do dia 1º de setembro em Goiânia, estando os agentes de pastoral da Diocese, por mim convocados com a presença solidária de Dom Antônio, arcebispo Metropolitano, para levantarmos e analisarmos juntos aqueles fatos e, acima de tudo, para nos apoiarmos mutuamente, todos nós pudemos sentir na carne o abalo, o vazio e a tristeza de nossa Igreja com a eliminação do Chicão. Em momento algum da nossa conflitiva história tínhamos sofrido tanto. Foi como a quebra violenta de uma das colunas de sustentação do nosso edifício. Percebemos, então, como o adversário calculou estrategicamente o tiro, selecionando a vítima mais adequada, sabendo que ao atingi-la estava acertando um duro golpe no conjunto da Diocese.

Por outro lado, através de vários sinais, entre os quais figura primordialmente o caloroso apoio de inúmeros irmãos da hierarquia e da base, entendemos claramente que tínhamos sido ungidos, consagrados e confirmados pelo Senhor para o mesmo perigoso serviço aos pobres. Era o 20º ano de caminhada de nossa Igreja que, em memorável Assembléia diocesana, na angústia e na esperança, fizera, [havia] 15 anos, opção preferencial pelos pobres e oprimidos, opção também por uma autêntica evangelização.

Quanto ao Chicão, viu-se nitidamente que sua pequena paróquia transmutou-se em vasto mundo. A profecia que seus paroquianos já reconheciam nele, no seu entranhado amor pela justiça, no seu incansável zelo pelo anúncio e pela denúncia, e que já lhe valera, no tempo do General Médici, um processo de expulsão sumária do país, adquiria agora dimensões surpreendentes. Seu testemunho pastoral, que já vinha ajudando o Bispo e os demais Agentes da Diocese, de repente extrapolou os limites desta Circunscrição, despertando e iluminando as mentes e conclamando à conversão. Sem que ele soubesse, sua derrubada foi mexer até com outros irmãos e os dividiu, de um lado em apoio solidário, e do outro em prudente acomodação em cima do muro.

Um lavrador de Mossâmedes comentou, numa celebração: "O pe. Francisco foi quem nos abriu os olhos. E eu vejo que aquele que o cegou não tem rosto". Note-se que, na linguagem do povo, o "sem Rosto" é o demônio. Nesta imagem do camponês dá para perceber que a missão do Chicão, de levar a Luz que vem de Cristo, é tarefa muito arriscada pelo fato de se confrontar sempre com o fazer da escuridão.

Há poucos dias, o Pe. Francisco declarou a algumas pessoas em Carpi, na Itália, que perdoou o Marcelino, que lhe deu o tiro no rosto. E disse também que não se lembra bem dele. Eu declaro, da minha parte, o mesmo perdão. Esta deve ser a atitude de nossa Igreja. Além do mais, trata-se de um oprimido como tantos lavradores e tantos índios e negros que são usados até contra seus próprios irmãos. O que não podemos perdoar é a estrutura iníqua que, além de gerar a opressão, ainda articula, agencia e financia a violência contra os defensores do povo. Não compactuaremos com esta estrutura, que é conhecida e tem nome. Esperamos, pois, como serviço profético desta Igreja, que o próprio Processo Judicial, ora em curso, seja o seu adequado julgamento diante de Deus e diante do povo.

Nossa esperança maior, porém, é que o preço deste sacrifício seja a real libertação dos irmãos marginalizados e oprimidos, e que são milhões. Que este novo anúncio seja de alguma Boa Notícia para eles. Pelo poder que Deus manifesta de tirar o bem até do mal, acreditamos que isto acontecerá. A vida acaba triunfando sobre a morte. A justiça há de ser a faixa escrita não mais de dura reivindicação do que aconteceu de bom. Este será o fruto deste martírio, como do martírio de todos os que derramaram o sangue, desde Abel até o último mártir da terra.

Gostaria, finalmente, de dedicar esta edição aos Irmãos e Amigos de todas as partes. Aos que sofreram ou estão sofrendo esta mesma perseguição sob tantas formas. Aos que de mil maneiras expressaram sua fraterna e generosa solidariedade e por isso mesmo lhes devemos resposta. A todos os que se acham nesta caminhada a serviço da vida e da dignidade dos homens e das mulheres. Dedico, porém, de modo especial estes Atos da nossa Igreja às vítimas do processo de marginalização, aos sem voz e sem vez, objeto de nossa luta, sujeito principal de nossa ação pastoral.

DOM TOMÁS BALDUINO
BISPO DE GOIÁS

# Josimo vive!

*Editorial do boletim* Caminhada,
(ano XX, n. 132, maio/junho de 1986)

Pe. Josimo

Irmãos,

Morreu Josimo, Josimo vive! Mas como pode uma coisa dessa? Um vigário preto e pobre, dos confins do Estado de Goiás, nativo daquele chão, "curraleiro", como disse um outro, jovem e pouco conhecido, está botando a situação do país de perna para os ares. É isto que está acontecendo: Josimo, ao ser plantado numa cova em Tocantinópolis, começou a abalar a terra, esta coisa que é das mais brabas que há no Brasil.

O plano do Governo era o seguinte: ir devagarinho recuando com a tal de Reforma Agrária. Com efeito, ele retirou o José Gomes do Incra, expeliu o Nelson Ribeiro do MIRAD, colocou o Marco Maciel e o Íris Rezende na defesa do latifúndio, soltou o Paulo Brossard no ataque contra todos os que "se intrometem" na Reforma Agrária do Governo. E, por fim, ainda está contando obter os aplausos e os votos do povo nesta tal de "reforma" da terra, como obteve na reforma do cruzeiro.

Foi então que apareceu Josimo como profeta do Senhor. Morto e ao mesmo tempo vivo. Virou um incômodo geral. Um atrapalho[*sic*] até para certas pessoas da Igreja, padres e bispos que gostariam de ver sepultar a sua memória juntamente com o seu cadáver. Ódio para os latifundiários, que não toleram que ele vire bandeira nas mãos dos pobres e famintos sem terra, e que são milhões. Complicação para o Governo, que tenta ajeitar a violência no Bico do Papagaio tomando armas sem entregar terras.

Ao mesmo tempo, cresce a perseguição à Igreja, aos agentes de pastoral brasileiros e estrangeiros, à CPT e ao CIMI. Esta perseguição está vindo do Governo, sobretudo através do Ministro da Justiça, Paulo Brossard, e está vindo dos fazendeiros, principalmente através da UDR (União Democrática Ruralista), que, numa reunião em Belo Horizonte, coloca o ataque à Igreja como uma de suas metas prioritárias.

Preparemo-nos para enfrentar, da parte destes últimos, aquilo que sofremos no tempo da repressão militar, ou mais ainda.

Estamos percebendo que o sangue de Josimo, como o sangue dos mártires do nosso país e do nosso continente, bispos, padres, lavradores e índios, como o próprio sangue de Cristo, não veio "trazer a paz, mas a espada". Mas, como o Senhor Jesus venceu o mundo, não tenhamos medo. Guardemos a Fé e a Esperança que nos vem de Deus. É hora de nos unirmos e de nos reunirmos na reflexão, na vigília, na oração e na ação. A opção pelos pobres não é teoria. É testemunho e é martírio. Josimo pagou-a com sua vida. Por isso mesmo está vivo entre nós e está profetizando o Mundo Novo de Justiça, de Fraternidade e de Paz.

TOMÁS,
BISPO DE GOIÁS

CAMINHEIRO DA JUSTIÇA E DA VERDADE

Edições Loyola
Editoração, Impressão e Acabamento
Rua 1822, n. 347 • Ipiranga
04216-000 SÃO PAULO, SP
Tel.: (0**11) 6914-1922